Manual teórico-prático de
EDUCAÇÃO FÍSICA INFANTIL

Dados Internacionais de Catalogação na Publicação (CIP)
(Câmara Brasileira do Livro, SP, Brasil)

Rodrigues, Maria
 Manual teórico-prático de educação física infantil /
Maria Rodrigues. – 9ª ed. rev., atual. e ampl. – São Paulo:
Ícone, 2011.

 Bibliografia
 ISBN 85-274-0705-1
 ISBN 978-85-274-0705-2

 1. Educação física.   2. Educação física infantil.
3. Jogos infantis.   I. Título.

02-6542   CDD-613.7042

Índices para catálogo sistemático:

1. Crianças: Educação física   613.7042
2. Educação física infantil   613.7042

Maria Rodrigues

Manual teórico-prático de
EDUCAÇÃO FÍSICA INFANTIL

9ª Edição
Revisada, atualizada e ampliada

© Copyright 2011.
Ícone Editora Ltda

Capa
Richard Veiga

Ilustração da capa
Roland Matos

Diagramação
Telma L. Vidal

Proibida a reprodução total ou parcial desta obra, de qualquer forma ou meio eletrônico, mecânico, inclusive através de processos xerográficos, sem permissão expressa do editor (Lei nº 9.610/98).

Todos os direitos reservados pela
ÍCONE EDITORA LTDA.
Rua Anhanguera, 56 – Barra Funda
CEP 01135-000 – São Paulo – SP
Fone/Fax.: (11) 3392-7771
www.iconeeditora.com.br
iconevendas@iconeeditora.com.br

ÍNDICE

Apresentação 7
Introdução 9
1 Conceitos: – Educação e Educação Física 11
2 A educação através do movimento 11
3 Objetivos da Educação Física 13
3.1 Objetivos Biopsíquicos 14
3.2 Objetivos sócio-espirituais 15
3.3 O valor da Educação Física Infantil 15
4 Desenvolvimento motor 16
4.1 A idade do recém-nascido 18
4.2 A idade bebê 19
4.3 A idade da criança pequena 21
4.4 A idade pré-escolar 26
4.5 A idade escolar 29
4.6 A puberdade 32
4.7 A adolescência 35
5 Desenvolvimento cognitivo 36
5.1 Desenvolvimento da linguagem 38
6 Desenvolvimento sócio-afetivo 40
7 Características da Educação Física
dentro do processo evolutivo 42
8 Atividades próprias da
Educação Física Infantil 46
8.1 Vida na natureza 47
8.2 Outras atividades 49
9 Aprendizagem 51
10 Que material utilizamos 53
11 Esquema de aula 56
12 Ginástica com elementos 67
13 Trabalhos com aparelhos 121
14 Atletismo 143
15 Esquematização do "eu corporal" 148

16 Orientação espacial 15

17 Orientação temporal..15

18 O jogo: – Conceito 16

18.1 Objetivo dos jogos 16

18.2 Princípios didáticos com referência
à aplicação do jogo..16

18.3 Classificação dos jogos segundo
suas funções gerais..16

18.4 Jogos motores recreativos (para aquecimento) 16

18.5 Jogos não motores recreativos 17

18.6 Jogos desportivos: preliminares e predesportivos...........17

18.7 Jogos Desportivos: Predesportivos 18

18.8 Jogos não motores (calmantes) 19

19 Danças..19

Referências bibliográficas..21

APRESENTAÇÃO

Foi grata a satisfação que tivemos ao ler o livro que a Profª Maria Rodrigues escreveu sobre "Educação Física Infantil".

A excelência do conteúdo não nos surpreendeu, já que conhecemos de há muito a autora e sua persistente dedicação neste campo.

A seriação dos exercícios propostos constitui-se em lidima profilaxia dos vícios que chegam ao adulto por caminhos tão exóticos. Não nos cansamos de dizer que a maior parte deles, e aqui não nos referimos somente aos vícios físicos, decorre de uma infância quue não foi observada, não foi trabalhada, orientada nem fiscalizada.

Esta função do professor de Educação Física assemelha-se à do médico: ambos realizam trabalho eqüivalente, tendo em mira um mesmo interesse – a plenitude da saúde.

E, nem se tratando da criança, o livro toma foro, privilégio de respeito, já que ensina a mobilização dedicada e inteligente de toda a estrutura orgânica infantil de modo apropriado, simples, direto e objetivo – tudo o que se deseja, didaticamente falando.

É a Educação Física Infantil uma promessa de saúde ao amanhã do adulto.

Tratar da criança, pensar na criança, educar a criança – esta "coisa" admirável que realiza o milagre de crescer – é por certo obra divina.

Em tudo e por tudo, a autora sentiu e seguiu a linha mestra da Organização Mundial da Saúde (O.M.S.) que, dado ênfase à criança, ao seu crescimento, procura-lhe um crescer harmonioso e sereno, sem vícios orgânicos, sem machas psíquicas e sem contaminações sociais ou morais, asegurando-lhe um porvir de bem-estar físico, psíquico e social.

Parabéns Professora Maria Rodrigues!

Parabéns – o desejo foi atingido.

Prof. Augusto Esposel
Da Faculdade de Saúde Pública da U.S.P.
Titular da disciplina "Higiene APlicada.

INTRODUÇÃO

Não pretendemos com este lançamento introduzir um novo sistema de Educação Física Infantil e, sim, proporcionar aos alunos da FEFISA e aos prezados colegas uma fonte de consulta para as suas classes diárias.

A Autora.

1. CONCEITOS: – EDUCAÇÃO E EDUCAÇÃO FÍSICA

EDUCAÇÃO: – é o processo através do qual se vai formando uma personalidade em função de uma cultura ou de uma sociedade. Educar consiste em ajudar e orientar o indivíduo no seu relacionamento com a vida, desde a mais tenra idade até a idade adulta. Educação é um processo global; o homem não é somente um conjunto de pele, ossos e músculos; ele é dotado também de elementos psicológicos e espirituais.

EDUCAÇÃO FÍSICA: – é um aspecto da Educação, parte de um todo, portanto visa os mesmos fins da Educação, isto é, formar o indivíduo física, mental e espiritualmente sadio.

A Educação Física utiliza-se das atividades físicas, exercícios e jogos, para formar o indivíduo como um todo, apoiando-se em bases científicas: biológicas, pedagógicas e psicológicas. Não se pode buscar somente a perfeição física, é preciso alcançar também a personalidade desejada. O professor, de posse desses conhecimentos científicos, tem possibilidade de formar o educado na sua unidade físico-espiritual.

A Educação Física Infantil é um aspecto da Educação Física e tem por finalidade contribuir para a formação integral do educando, utilizando-se das atividades físicas para o desenvolvimento de todas as suas possibilidades.

2. A EDUCAÇÃO ATRAVÉS DO MOVIMENTO

O movimento é uma necessidade imperiosa do homem desde o seu nascimento até a morte e, já no ventre materno, a criança manifesta essa necessidade.

O movimento é uma conduta molar do indivíduo acentuada na área física, coexistindo com o mundo externo e a mente.

Segundo Bleger, a conduta humana é sempre molar ou total, implicando manifestações nas três áreas: mente, corpo e mundo externo. É uma totalidade organizada de manifestações, apresentando motivação através de estímulos; constitui uma unidade funcional, com funções e objetivos; tem sentido, finalidade e estrutura, implicando numa pauta específica de relação.

Todas as possibilidades de movimento que o homem pode realizar são naturais, porque a sua natureza assim o permite.

Sob o ponto de vista da Educação Física, as condutas molares acentuadas na área do corpo (movimento) são pautadas e codificadas pelo homem dentro da sociedade, por ser ele de características sociais e muito criativo.

Assim, a ginástica, os jogos, os desportos, a dança, a recreação, o trabalho e demais atividades são condutas molares institucionalizadas pelo homem.

A Educação Física é a educação do homem por meio do movimento, pois, este em suas mais variadas apresentações constitui um instrumento ou meio para educar, treinar e aperfeiçoar.

Atualmente a educação pelo movimento é conhecida como psicomotricidade ou psicocinética e corresponde a todo movimento que o homem executa a nível do córtex cerebral.

A educação pelo movimento ou psicomotricidade, terminologia mais conhecida em nossos meios escolares, deve ser para todos e por toda a vida, pois constitui um meio ativo de educação, atuando sobre o indivíduo na sua totalidade. A psicomotricidade permite: – o conhecimento do próprio corpo; o ajuste e o aperfeiçoamento dos esquemas de movimento disponíveis; a incorporação de novas e variadas estruturas de movimento, enriquecendo o acervo motor; eliminação de estereótipias sem significado e sentido; desenvolvimento dos sentidos e da atividade mental. Estes aspectos permitem que o homem se movimente de forma eficaz para resolver as diferentes situações que enfrenta, especialmente relacionadas com o meio físico, obtendo correta adequação em relação ao tempo, espaço e objetos que o rodeiam.

Em todo processo educativo, em se tratando da Educação Física, torna-se necessária a idéia do que se pretende para que haja realmente formação. Esta apresenta dois períodos: formação motriz geral e formação motriz específica. A primeira abrange desde o nascimento até os dez anos mais ou menos e a segunda abrange dos dez aos dezoito anos.

O período de formação motriz geral integra a pré-escola e o ciclo básico. Para planejar o trabalho o professor deverá fazê-lo em função dos objetivos pretendidos, devendo conhecer profundamente as características psicofísicas da criança para estimular, progressivamente, as diferentes etapas do desenvolvimento. O programa deverá ser bastante flexível para atender às necessidades e interesses fundamentais e possibilitar a formação de atitudes relacionadas a hábitos, pensamentos e sentimentos.

Nessa fase da escolaridade, de modo geral, devem ser bastante estimuladas as formas básicas do movimento (andar, correr, saltar, rolar, girar, trepar, lançar, etc.), pois, quando bem adequadas em conteúdo e intensidade, poderão construir sólidas bases motrizes para as etapas seguintes da puberdade e adolescência, ajudando o educando a vencer, sem grandes crises, as transformações psicofísicas que se operam.

O período de formação motriz específica é direcionado para a especialização. Nessa etapa as formas básicas de movimento apresentam uma grande evolução e se transformam em destrezas técnicas. Além do trabalho global, tem início a forma construída para a incorporação de simples técnicas de movimento, já direcionadas para as grandes globalizações (atletismo, desporto, dança, etc.)

Depois dos dezoito anos, ao deixar a escola, o educando poderá dirigir-se para o desporto de alto rendimento ou dedicar-se ao desporto para todos, como necessidade permanente de movimento.

3. OBJETIVOS DA EDUCAÇÃO FÍSICA

Os objetivos da Educação Física podem ser agrupados em duas categorias: – objetivos biopsíquicos e objetivos sócio-espirituais. Na primeira categoria se incluem os objetivos diretamente relacionados com o movimento e a vida física; na segunda os objetivos ligados à formação do caráter e da personalidade, através do movimento.

O planejamento do trabalho anual ou da escolaridade deverá ser elaborado em função dos objetivos, para que haja a formação do educando como um todo.

3.1 Objetivos biopsíquicos (específicos)

– formação física básica: – desenvolvimento harmônico de todo o corpo, visando a boa postura e o equilíbrio da saúde, através de um trabalho progressivo com as habilidades motoras e com as formas básicas do movimento;

– educação do movimento: – buscar o domínio das técnicas de movimento do homem, ou seja, das formas básicas de movimento (caminhar, correr, saltar, rolar, girar, lançar, tomada e transferência de peso, etc.). O importante é dar condições ao aluno para resolver problemas de movimento; a forma de sugerir as tarefas vai depender do nível de destreza dos alunos, não devendo se fixar metas de trabalho somente pela idade. Às vezes o professor é obrigado a ensinar as mesmas destrezas a uma criança de seis anos e a uma de dez, se esta não as tem ainda. A solução encontrada aos problemas apresentados deve estar de acordo com a idade e capacidade da criança. Da exercitação progressiva surgirá a fluidez da forma de movimento.

Com a educação do movimento o praticante melhora os esquemas de movimento já incorporados, eliminando estereotipias que demandam em maior desgaste de energia; descobre a descarga de força necessária para produzir o movimento correto; encontra a fluência rítmica e mecânica da ação, chegando à forma acabada de movimento;

– eficiência física ou rendimento: – dotar a criança de capacidade para a vida física intensa, com economia de esforço. Capacitá-la para a vida prática, para os jogos e para a recreação;

– criatividade: – é toda relação de um elemento novo com outro já anteriormente conhecido. É importante dar condições à criança para que ela possa criar, pois, ela tem em elevado grau a capacidade criativa. Toda vez que a criança realiza uma tarefa de forma própria (estilo) está manipulando ou executando uma criação.

3.2 Objetivos sócio-espirituais

– conquista progressiva da autonomia, através do domínio emocional e da confiança em si;

– conquista de um equilíbrio dinâmico, através do logro de uma suficiente satisfação da necessidade de movimento; diminuição da agressividade pela sublimação e pela necessidade de ajustar-se ao grupo etário;

– adaptação da personalidade ao mundo físico, social e cultural em que deverá atuar, através de experiências sociais e contatos humanos frutíferos, fortalecendo o espírito competitivo indispensável no momento atual.

3.3 Valor da Educação Física Infantil

Para que a Educação Física Infantil seja produtiva devem ser observados três conceitos bastante modernos: – o valor do corpo para o homem, o papel do jogo na educação e a irrecuperabilidade dos benefícios da atividade física.

Vejamos o primeiro: – segundo a Psicologia Filosófica o corpo está substancialmente unido à alma; constitui o meio de expressão da personalidade e merece respeito como o valor humano essencial. A Educação Física agindo precisamente sobre o corpo deverá capacitá-lo para a educação plena.

Quanto ao segundo, é conhecido o valor do jogo como atividade prazerosa e mais indicada para satisfazer a necessidade de movimento de que a criança tem em grande potencial e também por oferecer inúmeras possibilidades educacionais.

Em relação ao terceiro conceito é comprovado que, tudo aquilo que não se faz em tempo hábil, jamais se recupera totalmente. As coordenações e os benefícios psicomotrizes, funcionais e posturais, não conquistados no momento ideal do desenvolvimento da criança não serão recuperados com total aproveitamento.

Para a obtenção dos objetivos expostos, é necessário o conhecimento das transformações que ocorrem durante o crescimento e desenvolvimento da criança, que a Educação Física deve respeitar.

4. DESENVOLVIMENTO MOTOR

Desenvolvimento é um processo de crescimento em todos os aspectos: físico, mental e sócio-afetivo. Cada momento de vida é uma continuação do momento anterior, embora modificado. Por essa razão é necessário criar boas condições de vida para o recém-nascido, pois o dia de hoje já é uma continuação do dia de ontem. O adulto reflete em grande parte suas vivências de infância.

De acordo com a maioria dos teóricos, o desenvolvimento motor acontece de forma contínua e sequencial segundo a direção céfalo-caudal, próximo-distal, ou seja, da cabeça para os pés e de dentro para fora. As partes do corpo crescem em proporções diversas e em diferentes épocas, desde a primeira infância até a maturidade.

A vida pré-adulta compreende a primeira infância, a segunda infância, a terceira infância, a puberdade e a adolescência.

A primeira infância vai do nascimento até os três anos de idade e compreende três fases: – fase sensorial ou do recém-nascido, fase motora ou do bebê e fase glóssica ou da criança pequena. A segunda infância vai dos três aos seis anos e a terceira infância dos seis aos dez anos de vida. A fase pubertária vai do onze aos doze anos, respectivamente, para meninas e meninos, estendendo-se até os quatorze anos. A adolescência tem início por volta dos quatorze anos, estendendo-se até os dezoito anos.

Gallahue (1982) define o desenvolvimento motor como o conhecimento das capacidades físicas da criança e sua aplicaç!ão na performance de várias habilidades motoras, de acordo com a idade, sexo e classe social.

Nos primeiros tempos de vida a criança explora o mundo que a rodeia com os olhos e as mãos, através das atividades motoras. Com o aperfeiçoamento destas atividades ela se transforma numa criatura livre e independente. Há um longo processo para a criança chegar ao domínio de habilidades mais complexas e, para isso, as experiências com os movimentos fundamentais como andar, correr, saltar, lançar, rolar, etc., são de grande importância e vão servir de base para a aquisição de habilidades das etapas seguintes. À medida que a criança cresce ela apresenta melhoria e aperfeiçoamento das habilidades já incorporadas, assim como a capacidade de combiná-las com atividades sociais e intelectuais. O tempo de aperfeiçoamento para qualquer habilidade está condicionado à capacidade do organismo de antecipar respostas, mediante adequadas compensações posturais. Assim, quando já adquiridas e mecanizadas, as habilidades posturais servirão de base para o desenvolvimento de outras mais refinadas das etapas seguintes.

Os teóricos do desenvolvimento, de modo geral, consideram a maturação fator importante no desenvolvimento motor da criança, porém, não desprezam a influência genética, as experiências e a influência do meio externo. Dennis (1960) verificou num orfanato do Teerã, onde as crianças eram pouco estimuladas que, 60% delas com idade de dois anos não sentavam sem ajuda e 85% com quatro anos de idade não andavam sozinhas. Isso demonstra que não só a maturação é responsável pelo desenvolvimento motor.

Durante o desenvolvimento motor a criança fará uso de suas forças crescentes de várias maneiras e com diferentes intensidades. Jersild (1969) cita a experiência de Damann, ao estudar as reações de uma criança ao subir numa tábua inclinada em cuja extremidade foi colocado um brinquedo como chamariz. As primeiras observações foram feitas aos oito meses, quando o bebê começava a engatinhar. A criança demonstrava pouca atenção ao brinquedo, detendo-se para examinar detalhes da madeira. Numa fase posterior ela mostrava-se incentivada pelo brinquedo, levantando a cabeça e os ombros, deslocando o centro de gravidade e perdendo o equilíbrio. Com o amadurecimento de sua capacidade para executar a tarefa, a criança não necessitava mais do chamariz para subir e descer na tábua e esta deixou de ser um desafio. Assim, para tornar o exercício mais atraente ela variava os seus métodos de subir e descer.

4.1 A idade do recém-nascido (de zero a três meses.)

Ao nascer a criança não tem possibilidade de interagir independentemente com o seu novo meio ambiente, por não dispor de movimentos inatos que a capacitem para isso. Os reflexos inatos necessários a sua sobrevivência são: – a respiração, a sucção, o choro, a deglutição, o espirro e a tosse. O recém-nascido mede aproximadamente 50 cms de comprimento e pesa 3.000 a 3.500 grs., respectivamente, meninas e meninos. A criança ao nascer apresenta a cabeça mais volumosa em relação ao corpo; ritmo respiratório rápido e mais reduzidos os sentidos visual e auditivo. Nessa fase a criança tem uma visão nebulosa e conjunta do mundo que a rodeia (sincretismo infantil); ela sente muito frio, pois estava acostumada a uma temperatura mais elevada dentro do ventre materno. Não tendo ainda bem desenvolvido o aparelho digestivo, só se alimenta de leite e chá.

Até o final dessa fase a criança dorme muito, cerca de vinte horas por dia e, quando acordada, apresenta movimentos agitados e desordenados realizados nas grandes articulações (ombros, joelhos e quadris) e com a participação de todo o corpo. Geralmente são movimentos "quadrados" dos braços e "esperneados" das pernas. Isso ocorre por causa da incompleta formação do córtex cerebral e dos condutores piramidais (falta de mielina nos axônios das células nervosas). Assim, grande parte dos movimentos da criança são dirigidos por centros subcorticiais (gânglios do tronco) e apresentam reflexos incondicionados. Meinel (1984) denominou de "movimentos de massa" a esses movimentos desorganizados e quase que globais da criança.

Nos primeiros três meses de vida, gradativamente, os movimentos da criança vão se tornando mais fortes e vivos, porém, conservando sua característica desorganizada, rígida e quadrada.

Os primeiros movimentos de "apreensão da mão" acontecem quando a criança toca um objeto com a parte interna da mão, fechando reflexivamente os dedos em torno do objeto tocado. Somente ao final do terceiro mês de vida ela já direciona seus movimentos, numa busca objetiva de apreensão dos objetos ao seu redor.

Poucas semanas após o nascimento, estando em decúbito dorsal, o recém-nascido tenta levantar a cabeça para ajustá-la à posição normal em conseqüência do reflexo do labirinto. Já o levantamento da cabeça da posição decúbito ventral acontece com maior facilidade a partir do terceiro mês de vida, quando entram em ação os sistemas corticiais do sistema nervoso central.

Nessa ocasião os braços começam a apoiar o tronco e a criança, por volta de quatro meses de vida, pode voltar-se da posição de decúbito ventral para o dorsal e vice-versa.

Até os três meses de vida o desenvolvimento motor ocorre de forma bastante lenta e todas as vivências da criança são provenientes dos órgãos dos sentidos, por esta razão, essa etapa é chamada de fase sensorial.

4.2 A idade bebê (dos quatro aos doze meses)

Essa fase se caracteriza por movimentos mais coordenados, apresentando progressos rápidos e visíveis, tanto na apreensão objetiva, como na busca da posição ereta e, conseqüentemente, na locomoção.

Aos seis meses, em função dos objetivos pretendidos, os movimentos da criança começam a apresentar melhor coordenação ao mudar de posição, segurar um objeto, levar uma coisa qualquer à boca, etc. Assim, os movimentos até então desordenados, ganham maior segurança na direção de objetivos mais definidos e precisos, como por exemplo, seguir um objeto com os olhos na tentativa de uma apreensão objetiva. Os movimentos ainda se apresentam bruscos e agressivos e, muitas vezes, o objeto desejado não é alcançado.

Nesta fase, a percepção visual já se apresenta mais desenvolvida, o que possibilita a coordenação visomotora. Esta vai se estruturando cada vez mais e, por volta dos oito meses de vida, a criança já consegue uma apreensão bastante segura dos objetos. A forma de apreensão apresenta etapas: – de início, só os dedos comprimem o objeto contra a palma da mão (a criança eleva e arremessa a mão para a frente, num movimento indireto, seguindo-se o seu abaixamento). Por volta dos dez meses aparece a apreensão tipo "tesoura", ou seja, o polegar e o indicador pressionam o objeto tentando pegar coisas pequeninas como farelo de pão, pedrinhas, etc.

O sentido auditivo também está mais apurado e a criança já reage ao menor ruído, erguendo a cabeça para olhar quando alguém lhe fala.

Uma característica observada na idade bebê, com referência ao desenvolvimento motor, está relacionada com os movimentos conjuntos contralaterais. Por exemplo, quando a criança executa um movimento com o braço direito, o esquerdo faz um movimento correspondente; isto ocorre também com as pernas. Estes movimentos contralaterais acontecem em função da irradiação da excitação dos centros nervosos motores de um lado, para os correspondentes do outro lado.

A hipertonia muscular, tão acentuada na fase do recém-nascido, permanece nos movimentos de apreensão e locomoção. Somente no final da idade bebê essa hipertonia vai diminuindo, tornando os movimentos mais soltos.

Quanto ao alcance da posição ereta a primeira etapa é verificada ao final da fase anterior, quando a criança já se posiciona em decúbito ventral. A partir daí, por volta dos seis meses, tanto a sustentação do tronco como a elevação da cabeça pode ser mantida por mais tempo. Da posição descrita o bebê passa à posição de engatinhar (gatas) e encolhendo as pernas para baixo da barriga, segurando-se nas grades do quadrado ou do berço consegue se levantar. Portanto, a apreensão é requisito fundamental para a criança se colocar em pé; o levantar sem se segurar acontece por volta dos quinze meses de vida, após a aprendizagem do andar.

Antes do andar ereto a criança utiliza outras formas de locomoção como o "arrastar", o "engatinhar" e o "escorregar". A primeira forma usada é o "arrastar"; partindo da posição decúbito ventral, a criança traciona simultaneamente os braços flexionados e arrasta as pernas. O "engatinhar" surge por volta dos oito meses e, para esta forma de locomoção, são utilizados os braços e as pernas na posição de quatro apoios. O "escorregar" também pode aparecer antes do andar; partindo da posição sentada, a criança pressiona os calcanhares no chão e dando impulso com o tronco para a frente puxa as nádegas, usando as mãos como apoio.

Quando a criança já é capaz de se levantar da posição sentada ou de gatas, segurando-se em objetos e grades, ela tenta se deslocar para os lados. Isto ocorre por volta dos dez meses e, gradativamente, a criança vai soltando uma das mãos, deslocando-se de um objeto a outro. Nessa etapa o adulto pode estimular a criança a andar, segurando-a, de início, pelas duas mãos e, posteriormente, por uma só.

O andar, ainda inseguro, se caracteriza por passadas largas e socadas; a perna de avanço é batida para a frente e a outra é puxada bastante estendida. O andar livre, sem ajuda, acontece por volta do primeiro ano de vida e se caracteriza por um andar balanceado, com afastamento das pernas e braços caídos à lateral para facilitar o equilíbrio. Os primeiros passos são irregulares e apressados e, após o quarto ou quinto passo, a criança se senta ou cai, por não conseguir manter o equilíbrio por muito tempo.

4.3 A idade da criança pequena (de um a três anos)

Com a aquisição da apreensão objetiva, da posição ereta e do andar sem ajuda, a criança amplia consideravelmente sua área de exploração motora até então limitada ao berço, ao quadrado e ao quarto. Ela se vê frente a novas experiências e problemas para solucionar, como também recebe estímulos a apoios de familiares e de outras pessoas.

Nessa etapa, com a nova experiência de vida, a criança aprimora o andar e vai dominando outras formas de movimento como trepar, rolar, empurrar, puxar, saltar, lançar, etc. Estas formas básicas de movimento são realizadas gradativamente, de forma global, sem preocupação de integração e sob um aspecto lúdico.

As experiências da criança pequena são realizadas através do brinquedo e, quando ela vence um obstáculo passa a repetir a ação muitas vezes, pelo simples prazer e alegria da descoberta. Por exemplo, quando ela já consegue subir numa tábua inclinada e saltar para baixo, passa a repetir o exercício várias vezes, empregando novas formas de realizá-lo.

Nessa fase o transporte é a atividade preferida da criança; ela puxa, empurra e carrega objetos, às vezes, mais pesados do que ela própria.

O brinquedo mais utilizado, pela criança, para a locomoção é o triciclo e a bicicleta de três rodas. Quando ela já domina o movimento procura formas mais complicadas e arriscadas, como subir rampas, descer ladeiras, dirigir por entre obstáculos, etc., para testar sua capacidade.

Essa forma lúdica da ação motora da criança deve ser bastante flexível, permitindo a incorporação de múltiplas habilidades.

Ao final dessa fase surge o brinquedo de ficção ou de representação; imitando a mãe ou o pai a criança brinca de casinha, de mãe e filho, de escola, de médico, etc. Através dessas formas de brincar a criança representa o seu meio ambiente e social, desenvolvendo a criatividade, o pensamento e a linguagem, fatores estes de grande importância para a aquisição de suas habilidades motoras.

A criança pequena deve ser estimulada a comer sem ajuda, assim, com um ano e meio ela deve ser capaz de comer direito com a colher. Aos três anos já deve tomar banho sozinha e vertir-se, embora com dificuldade de abotoar e amarrar os sapatos.

Nessa fase ela é capaz de encaixar figuras geométricas, tornando-se necessários os brinquedos pedagógicos de diferentes formas e tamanhos. Até os dois primeiros anos de vida os movimentos da criança se apresentam com pouca fluência rítmica, fracos, lentos e restritos quanto ao domínio espacial. Ainda conservam uma característica desajeitada, pouca coordenação e se fazem acompanhar, muitas vezes, de movimentos colaterais que demandam em maior desgaste de energia.

Ao completar o terceiro ano de vida os movimentos da criança apresentam significativos aumentos de força, velocidade e maior capacidade espacial. Também o seu corpo mostra apreciável aumento de peso e estatura.

A evolução das formas básicas do movimento, nesta idade, se dá de forma seqüencial e gradativa, sem preocupação de integração. Por exemplo, o "correr" não surge antes do andar, como também o "saltitar" não aparece antes do saltar. Por responder apenas a uma ordem por vez, os exercícios com as formas básicas não devem ser combinados.

O "andar livre" se desenvolve rapidamente, após o sucesso das primeiras tentativas, e a criança já é capaz de percorrer distâncias maiores sem interrupções (até vinte passos), empregando até mesmo mudanças de direção.

Ao final dessa fase a criança pode caminhar com maior segurança, porém, as passadas se apresentam curtas e pouco elásticas, pela falta de rolamento sobre a sola do pé. Os braços ainda se conservam lateralmente caídos e afastados para a manutenção do equilíbrio.

O "trepar" resulta inicialmente da posição de "gatas" e a criança utiliza os braços e as mãos para se segurar em algum objeto e puxar o corpo. Por volta do primeiro ano de vida ela é capaz de subir em objetos de até 30 cms. de altura, dominando subidas e descidas maiores ao final da fase (caixas de plintos, escadas, espaldares, etc.)

Inicialmente, ao subir a escada a criança o faz lateralmente, segurando-se no corrimão com as duas mãos; logo mais ela sobe de frente, colocando em cada degrau primeiro o pé de avanço e juntando o outro pé em seguida, interrompendo cada passada para equilibrar o corpo. Ao descer procede da mesma forma, mas com maior cautela. Por volta dos dois anos e meio a criança consegue subir de forma livre e mais fluente com passo alternado. O descer ainda necessita do apoio das mãos.

A passagem sobre objetos colocados em fila e distanciados cerca de 10 cms. (latas, caixas, tampas de plintos, cubos de madeira, etc.) só é possível com a ajuda de terceiros. A passagem livre e alternada ocorre por volta de dois anos e meio.

O "correr", forma de progressão que apresenta uma curta fase aérea, tem início por volta dos dois anos e meio. Ao correr, a criança conserva o tronco ereto, os braços caídos lateralmente para manter o equilíbrio e apresenta pouca flexibilidade nas articulações dos quadris e dos joelhos.

O "saltar" se inicia juntamente com o correr e as primeiras tentativas são feitas para baixo e de pequenas alturas (do degrau da escada, do banco sueco, da guia da calçada, etc.). Ao final do terceiro ano de vida a criança inicia o saltar para cima (objetos colocados no chão ou sustentados a pouca altura, como corda e bastão).

O "lançar" já é utilizado pelo bebê como "jogar fora", usando apenas os braços sem nenhuma participação do tronco. No segundo ano de vida surge o lançamento com os dois braços e o lançamento batido com um só braço, o qual é feito da posição parada, direcionado diretamente ao alvo e sem entrada do tronco.

O "pegar" ou "agarrar" é feito na posição "cestinho", assim, ao pegar a bola que lhe é lançada, a criança coloca os braços semi-flexionados e paralelos para recebê-la, puxando-a em seguida para o peito.

O "puxar" é uma forma de movimento já utilizada pelo bebê para ficar em pé, agarrando-se em objetos ao seu redor. Na idade de dois a três anos a criança usa o puxar para subir em cadeiras, no berço, na gaiola, etc. Ela também utiliza o puxar para as suas investigações, como puxar toalhas de mesa para agarrar objetos; gosta também de puxar carrinhos de brinquedos.

O "empurrar" aparece juntamente com o andar e a criança empurra cadeiras, carrinhos de boneca, caixas de brinquedos, etc.

No terceiro ano de vida a criança já é capaz de puxar-se para a frente com os dois braços, empurrando-se com os pés na posição de decúbito ventral sobre o banco sueco.

O "pendurar" está diretamente rèlacionado ao puxar e trepar, sendo possível por volta dos dois anos de idade, num aparelho colocado à altura da cabeça. Ao final desta fase o pendurar pode aparecer associado ao balançar.

O "girar" em volta do próprio eixo vertical do corpo com pernas estendidas e braços elevados, surge por volta dos dois anos. O girar em volta do eixo transversal (rolamento à frente), sem ajuda, acontece ao final dos três anos de idade.

O desenvolvimento das qualidades físicas ou habilidades motoras também se realiza de forma gradativa.

A "força" ainda é pequena, em função do pouco desenvolvimento muscular, porém, a criança gosta de carregar objetos leves.

A "velocidade" não se apresenta bem desenvolvida, principalmente a de reação. Por exemplo, ao rolar uma bola e persegui-la, a criança não o faz de imediato e sim depois da mesma ter rolado uma certa distância. Ao pegar uma bola que lhe é jogada, a criança também não antecipa o movimento de pegar, por não saber calcular a velocidade do vôo.

De modo geral, até os três anos de idade, a criança manifesta pouca velocidade na execução dos movimentos.

A capacidade de "resistência" também é baixa nessa fase, porém, a criança é capaz de brincar por longo tempo sem se queixar de cansaço.

A "coordenação" ainda se restringe aos movimentos aprendidos na etapa anterior, pertencentes à grossa coordenação. A fina coordenação surge mais tarde e depende de grande controle neuromuscular e precisão de movimentos.

A "flexibilidade" nessa idade é ótima, principalmente nas grandes articulações do corpo, diminuindo consideravelmente com o passar do tempo.

O "equilíbrio" é uma forma bastante desafiante para a criança pequena, que testa suas primeiras experiências com a ajuda do adulto. O equilíbrio sem ajuda só aparece ao final do terceiro ano de vida e a criança já pode equilibrar-se sobre o banco sueco e, gradativamente, sobre superfícies mais estreitas.

O desenvolvimento da criança pequena está condicionado a uma série de requisitos: – liberdade de ação, espaço físico suficiente e aparelhos e elementos diversificados.

A criança precisa exercitar tanto os movimentos fundamentais como as habilidades motoras, de múltiplas formas, para satisfazer suas reais necessidades e interesses.

4.4 A idade pré-escolar (dos três aos seis anos)

A segunda infância vai dos três aos seis anos de vida e, nesta fase, a criança toma conhecimento do universo exterior. É a época em que o princípio da realidade toma corpo e vem opôr-se ao princípio do prazer. Esta fase é chamada de fase lúdica, pois o brinquedo é o mais importante para a criança; ela encontra na atividade lúdica um imediato interesse. A criança brinca porque o brinquedo é um prazer que corresponde às suas reais necessidades, tanto físicas como espirituais.

Através do brinquedo a criança satisfaz a necessidade de criar, de conhecer e entender o significado das coisas e dos fatos. Por essa razão, é necessário colocar ao dispor da criança uma sala onde ela possa ter liberdade para se movimentar, brincar, colecionar coisas e adquirir múltiplas experiências através das brincadeiras. Os objetos, aparentemente sem valor, que a criança coleciona e amontoa têm importante significado para ela, constituindo "realidades" do seu mundo particular.

Nessa fase é importante que a criança frequente o Jardim de Infância, pois, o convívio com outras crianças e as atividades variadas oferecidas à ela são de grande validade para o seu desenvolvimento como um todo. O período da segunda infância se caracteriza por um crescimento mais lento e acentuado em altura. É importante verificar nessa fase o funcionamento da tireóide (duas pequenas cápsulas situadas na parte anterior da traquéia) que, quando deficiente, pode causar a paralisia do crescimento, tanto físico como mental. No plano físico podem aparecer certas oligofrenias (cretinice, imbecilidade e idiotia). No caso da idiotia, grau mais elevado, o desenvolvimento mental paralisa aos três anos de idade. Assim, um adulto de trinta anos ou mais pode apresentar uma mentalidade de uma criança de três anos.

O hipotireoidismo em pequeno grau não chega a causar distúrbios mentais; a criança manifesta apenas lentidão mental e apresenta excesso de gordura, crescendo mais para os lados. Já o hipertireoidismo, moléstia de Basedow (papeira), causa agitação mental seguida de melancolia.

Na idade pré-escolar a prioridade é a atividade motora global, concentrando-se na necessidade fundamental de movimento, de investigação e de expressão (Le Boulch, 1986) e essa etapa do desenvolvimento está relacionada com o surgimento de múltiplas habilidades motrizes, tanto grossas como finas.

Essa fase se caracteriza pelo rápido aperfeiçoamento das formas de movimento adquiridas nos níveis anteriores e pelo surgimento das primeiras combinações das mesmas. Os movimentos já apresentam melhor qualidade e um aumento rápido de rendimento, quando aplicados em diferentes situações.

O "andar" apresenta uma diminuição do número de passos e maior amplitude da passada; já ocorre a tomada do solo com o calcanhar e um rolamento até a ponta do pé no momento da impulsão e transferência do peso do corpo. Em função deste rolamento o andar ganha maior elasticidade.

O "trepar" é uma forma de movimento que desperta enorme interesse na idade pré-escolar e a criança está constantemente testando suas possibilidades (auto-avaliação). Assim, espaldares, escadas, gaiolas, cordas suspensas, etc., não devem faltar no espaço físico destinado à movimentação da criança.

Nessa etapa, entre cinco e seis anos, a criança já consegue ultrapassar obstáculos à altura do peito, com corrida de aproximação ou mesmo da posição parada. As formas de subir e descer já são realizadas com maior desenvoltura e, ao subir a escada, a partir dos quatro anos de vida, a criança utiliza passos alternados.

O "correr" ainda se apresenta de forma irregular, com passos curtos e batidos, com pequena movimentação dos braços. Já aos cinco anos de idade a coordenação dos movimentos está melhor, assim como a velocidade e a amplitude das passadas.

O "saltar" é uma forma de movimentação que atrai bastante a criança pré-escolar, porém, apresenta uma lenta evolução em razão da falta adequada de estimulação em aparelhos (plintos, bancos suecos, trampolins, traves de equilíbrio, etc.) nos recintos apropriados para as atividades.

Além do saltar em afundo e para cima, com muita estimulação, aos seis anos de idade a criança já pode iniciar os saltos em distâncias e em altura, com corrida de aproximação ou da posição parada. Nessa idade também aparece o "saltitar", inicialmente com os dois pés e depois com um só.

O "lançar" não apresenta grande evolução até o quarto ano de vida e a criança emprega as formas da etapa anterior. Progressos maiores são verificados ao final da idade pré-escolar, quando já se nota visível diferença entre meninos e meninas. Por volta de cinco e sete anos os meninos já conseguem executar lançamentos com participação do tronco, maior coordenação e até com saltitos intermediários. O lançar ligado à corrida fluente aparece mais tarde, com adequada estimulação. As meninas ainda não demonstram muito interesse pelas formas de lançamento.

O "pegar" apresenta certa diferenciação da etapa anterior e a criança já não utiliza a forma "cestinho" para apanhar a bola. Ela estende os braços em direção à bola, mantendo as palmas das mãos para cima e os dedos ligeiramente afastados. Ao pegar a bola a criança a puxa para junto do peito com maior segurança, desde que o lançamento seja preciso, pois ainda está pouco desenvolvida a capacidade de antecipar respostas. Ao final da pré-escola a criança treinada já consegue prever a velocidade e a trajetória da bola e compensar os desvios de lançamento (para baixo, para cima ou para os lados) com movimentos correspondentes.

As habilidades motoras apresentam maior desenvolvimento, principalmente com referência à velocidade de movimento e ao equilíbrio. Progressos lentos são verificados na capacidade de força.

A "força" em relação à etapa anterior, apresenta rápido progresso, porém, ainda permanece baixa pela falta de estímulos com aparelhos adequados. Quando estimulada constantemente com bancos suecos, barras, escadas, cordas suspensas, etc., para puxar-se para cima ou para se pendurar e tracionar os braços, a criança apresenta melhoras consideráveis ao final da pré-escola.

A "coordenação" apresenta melhora significativa, pois a criança já responde até três ordens por vez, sendo capaz de combinar os movimentos fundamentais e antecipar respostas. Quando bem estimulada, principalmente com o emprego da bola, ao final da pré-escola, a criança deve dominar as coordenações visomotoras.

A "flexibilidade" se apresenta suficientemente boa e a criança, na sua movimentação global, está sempre treinando essa capacidade motora.

O "equilíbrio" é a forma mais prazerosa para a criança desta faixa etária. Quando bem estimulada com abundância de aparelhos e elementos no recinto de suas brincadeiras, a criança manifesta crescente domínio desta habilidade. Ela domina tanto o equilíbrio estático, quanto o dinâmico, tendo preferência pelos objetos móveis para as suas exercitações. Sempre que dominado um exercício a criança procura outra forma de fazê-lo, acrescentando uma dificuldade maior. Por exemplo, depois que ela domina a passagem sobre a trave de equilíbrio andando, repete o exercício equilibrando uma bolinha de tênis sobre uma raquete.

A "velocidade" e a "resistência" somente apresentam visíveis melhoras ao final da pré-escola.

4.5 A idade escolar (dos seis aos dez anos)

A terceira infância se estende dos seis aos dez anos e é considerada a fase da produtividade, que marca a entrada da criança na escola, inaugurando-se para ela um novo período de sua existência. A escola significa a expansão de seu universo e o trabalho escolar sua obra.

A criança está constantemente em movimento, aproveitando todos os estímulos oferecidos pelo meio ambiente. Esses estímulos provocam excitações no córtex cerebral e, conseqüentemente, reações motoras. Como os processos de inibição subcorticais que atuam sobre a reação motora imediata ainda estão em formação, é muito difícil manter a criança quieta e sentada durante as aulas por muito tempo.

No início dessa fase, nem a coordenação, nem os sentidos estão bem desenvolvidos e a criança se movimenta muito com o corpo, mãos, pés e língua. Portanto não se deve exigir muito da vista, da voz e do físico, o que poderá interferir no andamento do sistema nervoso. Com o passar do tempo a criança aprende a dominar seus impulsos e já pode se concentrar numa determinada atividade, visando não só a solução de problemas de movimento, como também melhor rendimento.

Uma característica importante nesta fase escolar, por volta de nove e dez anos, é o rápido aumento da habilidade de aprendizagem motora, em função dos progressos tanto no aspecto físico como no mental.

Dos seis aos oito anos, aproximadamente, o crescimento em altura se evidencia sobre o muscular e todo o trabalho a ser desenvolvido deve dar ao sistema ósseo, muscular, cardíaco e respiratório uma especial atenção.

O problema da postura deve ser bem analisado e intensificado o trabalho com as qualidades físicas, para promover o fortalecimento muscular e propiciar o alinhamento postural.

No início da idade escolar a estrutura e o ritmo do movimento esportivo se apresentam pobres em função do pouco domínio temporo-espacial. Por volta dos oito anos há uma grande melhora desses fatores, reduzindo também a quantidade de gestos colaterais.

Dos oito aos dez anos diminui o crescimento em altura, mais acentuado no nível anterior e aumenta o crescimento proporcional de todo o corpo, favorecendo o aparecimento da força funcional e melhor ação dos membros. O sistema nervoso central apresenta um bom equilíbrio e o coração maior possibilidade de trabalho. Ocorre uma considerável maturação psicomotriz, permitindo à criança não só a execução de ações globais, como também a incorporação de simples técnicas motoras.

Surge um grande interesse em "jogar" com o movimento e obter melhor rendimento, o que contribui para incentivar o trabalho competitivo. Alguns autores consideram este período como a melhor fase para a grande aprendizagem motora, oferecendo ao professor um campo fértil de ações e possibilidades. As formas básicas do nível anterior adquirem, gradativamente, uma forma técnica e se convertem em destrezas específicas. Por exemplo, a forma básica "saltar" que a criança executa de forma global e natural, sem uma técnica específica, pode se transformar nessa etapa num salto em altura com estilo, em função de um "modelo técnico".

Em virtude do maior fortalecimento dos membros, a criança já pode sustentar o seu próprio corpo, assim como ajudar e apoiar um companheiro, permitindo o trabalho com as destrezas técnicas (rolamentos, estrelas, parada de mão, saltos no plinto, etc.)

As formas básicas de movimento se encontram bem mais desenvolvidas do que no nível anterior.

O "andar" já se apresenta bem mais elástico e coordenado.

O "correr" é uma forma predominante de movimento nesta fase e apresenta progressos evidentes, apesar das diferenças individuais. No início da fase, ao correr, a criança mantém o tronco muito ereto e pouca inclinação para a frente, baixa freqüência na passada, movimentos dos braços muito abertos e à frente do corpo. Até o final da idade escolar a corrida apresenta considerável melhora, com maior inclinação do tronco para a frente, melhor trabalho dos braços e pernas, diminuição dos movimentos colaterais e aumento da velocidade na movimentação global.

O "saltar" é uma atividade prazerosa, porém, por falta de estímulos nas exercitações diárias da criança, os saltos em distância e altura deixam muito a desejar. Ao final dessa fase pode-se observar rápidos progressos e maior variedade de formas de saltar.

O "lançar" está caracterizado por diferenças individuais e específicas de sexo, que determinam tanto técnicas como rendimentos diferenciados. Até o final desta etapa já ocorre o lançamento com corrida de aproximação, que exige maior habilidade motora e treinamento mais longo.

O "pegar" é uma forma que necessita de treino, contudo a criança apresenta condições de pegar lançamentos de bola bastante variados, uma vez que ela já antecipa a trajetória de vôo. Em situações de jogo, quando se torna necessário correr, saltar, girar ou abaixar para pegar a bola, podem surgir dificuldades, por falta de adaptações a essas situações. Com exercitações sistemáticas de jogos e atividades globais com a bola, o pegar se torna cada vez mais seguro.

As habilidades motoras estão determinadas cada vez mais pelo treinamento e pelas diferenças individuais.

A "força" dos membros superiores e da musculatura abdominal, nos primeiros anos da escolaridade, não apresenta rápido desenvolvimento em função da pouca estimulação. A força dos membros inferiores, ao contrário, em virtude de maior estimulação com os movimentos de corrida, saltos e saltitos, é maior.

A "velocidade" se desenvolve de forma bastante rápida, principalmente a velocidade de reação.

A "resistência" também apresenta visíveis progressos de desenvolvimento, notando-se maior rendimento por parte dos meninos.

A "coordenação" apresenta sensível melhora, o que permite à criança a prática de atividades esportivas múltiplas e consideráveis rendimentos de aprendizagem motora. Os progressos são notórios na estrutura básica do movimento e na fluência mecânica e rítmica.

A "flexibilidade" apresenta melhora com o treinamento constante, caso contrário ela tende a diminuir.

4.6 Puberdade (dos onze aos quatorze anos)

A puberdade é considerada a primeira fase do amadurecimento e acontece mais cedo para as meninas, entre onze e doze anos e para os meninos entre doze e treze anos de vida e compreende o espaço de tempo que vai do início do amadurecimento sexual até a menarca e espermarca, respectivamente, para meninas e rapazes. Nessa fase a criança demonstra uma inconstância no comportamento motor, expressando-se com excessiva movimentação ou mantendo-se parada e sem vontade para a atividade. A criança nessa idade manifesta grande satisfação para a atividade esportiva, quando esta é de seu interesse, com resultados bastante positivos.

Na puberdade o desenvolvimento motor está estreitamente relacionado com o desenvolvimento físico, com as diferenças específicas de sexo e com interesses individuais.

O púbere apresenta rápido crescimento vertical e considerável aumento de peso, assim como mudanças endógenas, que podem causar elevada excitabilidade das funções nervosas centrais e psíquicas. Estes fatores podem prejudicar a aprendizagem motora, principalmente das destrezas técnicas.

As formas básicas já apresentam melhor qualidade técnica, no início, o rendimento dos meninos é menor em comparação com o das meninas, pois elas manifestam um avanço no desenvolvimento biológico. Logo mais se acentuam as diferenças de sexo e o rendimento dos rapazes aumenta de forma progressiva, enquanto que as meninas apresentam diminuição gradativa e bastante forte até o final dessa fase.

O "correr" comparado com a fase anterior apresenta visível melhora: – maior inclinação do tronco à frente; movimentação dos braços no plano sagital e no sentido antero-posterior, em sincronia com as pernas; extensão completa da perna de apoio, joelho e tornozelo; centro de gravidade colocado no ponto médio da bacia pélvica; o pé da perna de recuperação toca o solo quase que plano e sob o centro de gravidade e o joelho da perna de apoio flexiona-se levemente após o contato do pé com o solo.

O "saltar", tanto em distância como em altura, apresenta melhor qualidade técnica. No salto em distância há maior flexão dos joelhos no agachamento preparatório; maiores extensões ao nível dos quadris, joelhos e tornozelos; oscilação e elevação dos braços; flexão das pernas durante o vôo e extensão antes da aterrissagem; flexão dos joelhos e transferência de peso do corpo para a frente no momento da queda.

Para o salto em altura, até a impulsão, as características são quase que as mesmas e as demais estão determinadas pelo estilo do salto.

O "lançar", tanto por cima como por baixo e para os lados, também já apresenta melhor execução e aparece associado à corrida, com as seguintes características: – afastamento das pernas no sentido antero-posterior; rotação do quadril e dos ombros, com atraso do braço de arremesso; maior entrada de quadril e tronco, com extensão do braço no momento do arremesso.

Com referência às habilidades motoras, na fase pubertária, os meninos manifestam maior desenvolvimento delas em comparação com as meninas, com exceção da flexibilidade.

A "força", tanto máxima como rápida, apresentam níveis anuais de crescimento maiores nos meninos e menores nas meninas.

A "velocidade" aumenta de rendimento entre doze e quatorze anos para ambos os sexos, aproximadamente, diminuindo nos anos seguintes com referência às meninas.

A "resistência" apresenta-se mais reduzida no início desta fase e com pequeno crescimento ao final, com superioridade dos meninos.

A "coordenação" com referência a movimentos simples e regularmente treinados não apresenta dificuldade nesta idade; já com os movimentos assimétricos e com os movimentos que necessitam de precisão, a coordenação se torna mais difícil.

A "flexibilidade" é maior em determinadas partes do corpo e menor em outras, para ambos os sexos. Por exemplo, a flexibilidade do tronco à frente é maior que a flexibilidade das articulações dos ombros.

4.7 Adolescência (dos quatorze aos dezoito anos)

A adolescência é a fase que se estende da puberdade até a mauridade e se caracteriza pela estabilização da diferenciação sexual e por uma progressiva individualização. O comportamento motor, inicialmente, não está totalmente equilibrado, contudo se apresenta mais seguro.

Entre os quinze e dezenove anos, aproximadamente, o rendimento motor alcança o máximo desenvolvimento. Este é o momento ideal para a aprendizagem motora sem limitações, principalmente com referência às atividades esportivas. As meninas têm preferência por atividades esportivas de menor esforço físico e de maior habilidade, enquanto que os rapazes se dedicam às atividades que demandam maior intensidade. Os meninos manifestam maior prontidão para a aprendizagem motora e também maior rendimento nas tarefas que implicam força, resistência, velocidade e coragem.

Quanto ao desenvolvimento das formas básicas: – correr, saltar e lançar, os rapazes apresentam maior rendimento do que as meninas. Estas formas de movimento estão, nesta fase, diretamente relacionadas às diferenças específicas de sexo.

As habilidades motoras (força, resistência e coordenação) se apresentam mais desenvolvidas nos rapazes, enquanto que as meninas possuem maior flexibilidade, com exceção das articulações dos ombros. De modo geral, o maior desenvolvimento da flexibilidade é alcançado por volta dos vinte anos, diminuindo consideravelmente desde o décimo ano de vida, quando não solicitada.

5. DESENVOLVIMENTO COGNITIVO

Se entende por desenvolvimento cognitivo o processo que leva a mudanças qualitativas no modo de pensar e raciocinar do ser humano.

Experiências realizadas com crianças de diferentes idades demonstraram que elas têm formas distintas de raciocinar e revelam progressos na maior parte das áreas do pensamento, com o passar do tempo e seu adiantamento na escola.

Até os três anos de vida a criança atua mais por reflexos condicionados. Com um ano e meio ela resolve os problemas por meio de ação, movimento e tateio. Aos dois anos ela é capaz de evocar e representar os movimentos sem executá-los, mediante a ação mimica. Por exemplo, imitando o barulho do motor, faz um objeto rolar e girar pelo chão, tal como o pai faz ao dirigir o carro.

Quanto menor a criança, seu pensamento se concentra mais em acontecimentos imediatos, importando-se com a essência das coisas e nao com a classificação delas. Ao ser perguntado a uma criança "O que é uma maçã?", ela respondeu: "é uma coisa redonda que se come" e não uma espécie de fruta (Jersild).

Dos três aos seis anos organizam-se novas funções mentais; a criança já apresenta significativo progresso intelectual e memória mais apurada. Suas perguntas são mais sérias e com o intento de obter informação. Suas respostas, embora prolixas, tem maior ajuste e suas definições caráter utilitário. Nessa fase a criança mostra grande riqueza de imaginação e gosta de alimentar sonhos e histórias. Às vezes a grande imaginação dela é tomada como mentira e o adulto deve saber orientá-la com serenidade, para que ela o entenda. Assim, se ela disser que viu um cachorro azul, o adulto deve mostrar-lhe a diferença entre o falso e o verdadeiro. Seu pensamento é bastante egocêntrico, isto é, centrado nela própria. A criança também não consegue distinguir o real do irreal.

Dos sete aos dez anos de idade a orientação do pensamento da criança é bem mais concreta, porém, menos imediata. Surgem as primeiras operações lógicas substituindo a intuição. A criança já manifesta grande compreensão do mundo que a rodeia; seu pensamento é mais analítico e crítico e possível de reversibilidade.

Aos sete anos a criança já é capaz de relacionar coisas e objetos por tamanho, cor, número, forma, etc. Ela se interessa por novos conhecimentos, povos, países e pelo próprio corpo. Manifesta interesse pelos fenômenos de crescimento e morte. É a idade da razão.

Aos dez anos a inteligência atinge o apogeu e a criança é capaz de resolver simples operações e problemas mais complexos de movimento.

Segundo Tani e colaboradores, a criança deve ser orientada no sentido de "quando" e "como" utilizar os movimentos, para que possa raciocinar e não limitá-la a intermináveis repetições mecânicas.

A maioria dos estudiosos da cognição baseia seus estudos no trabalho de Piaget, embora com certas ressalvas; ele considera o movimento fator essencial para o desenvolvimento da inteligência. Para esse autor, as ações constituem o início das operações intelectivas e o desenvolvimento cognitivo implica em estágios: – sensório-motriz (até dois anos); pré-operatório ou da inteligência intuitiva (até sete anos); operatório concreto (até onze anos) e estágio das operações formais (até quatorze anos).

No primeiro estágio, até a idade de doze meses, a criança apresenta inteligência dentro dos limites do campo perceptivo. Depois de um ano de idade, com o aparecimento da linguagem, surge o pensamento libertando-a da ação desse campo.

Dos dois aos sete anos surge o período pré-operatório ou da inteligência intuitiva. Nesse estágio a inteligência acompanha os acontecimentos com a mesma velocidade da ação, não permitindo uma compreensão simultânea e completa dos acontecimentos. Uma característica desse estágio é a interiorização dos esquemas de ação construídos no estágio anterior, aperfeiçoados e transformados em manipulações internas da realidade, cedendo lugar, progressivamente, à inteligência representativa. Essa, graças ao simbolismo, é capaz de evocar o passado, representar o presente e prever o futuro. El permite distâncias muito grandes entre sujeito e objeto. Assim, un simples carretel pode se transformar num tanque de guerra.

A criança pode mostrar em dado momento tanto o pensamentʋ lógico como o ilógico. Por exemplo, ao ser perguntado a uma crian ça de três anos: "o que faz soprar o vento?", ela respondeu: "é el mesmo que sopra". Quando lhe perguntaram: "O que faz o carro an dar?" ela respondeu: "o motor". Naturalmente para a criança as duas respostas não constituiram duas maneiras diferentes de pensar e sin a melhor explicação para o momento.

Dos sete aos onze anos de idade surge o estágio das operações concretas e a criança passa a operar sobre os objetos, ou seja, ao ma nipulá-los ela realiza as operações. Nesse estágio torna-se possível a reversibilidade das ações, graças ao aparecimento das tarefas de classificação, ordenação, espaço e tempo. Bee (1984) cita um dos experimentos mais famosos de Piaget e assim se expressa: "se ela vê você transvasar água de um copo baixo e largo para um alto e estrei to, ela focaliza a altura da água nos dois copos e supõe que há mais água no copo estreito e comprido." Isso acontece porque a criança antes desse estágio, é incapaz de um pensamento reversível. Agora ela já pode perceber que a água pode ser recolocada no copo largo e baixo, retornando ao nível anterior, compreendendo que a quantida de é a mesma nos dois copos.

Dos onze anos em diante a criança entra no estágio das opera ções formais e ela é capaz de atuar não somente sobre objetos, mas também sobre hipóteses. Nesse estágio, é muito importante o pape do professor que, ao ensinar uma tarefa deve dominar não só o con teúdo, mas também o relacionamento implicado nela e o desenvolvi mento da criança. Ele deve dar explicações formais que estejam próximas da maneira de pensar e da capacidade da criança.

5.1 Desenvolvimento da linguagem

No desenvolvimento da linguagem aparecem evidentes de monstrações de atividade mental; bem antes que a criança possa pro nunciar a primeira palavra, ela se manifesta através de diferentes nflexões (Jersild). A criança também compreende o sentido de muitas palavras, antes mesmo de usá-las. Por exemplo, quando se pergunta a uma criança "onde está mamãe?", ela se volta e olha a mãe.

A linguagem depende tanto da motricidade quanto da inteligência. Assim, o aparelho fonador exige uma movimentação complexa, precisa e ritmada. Os sons devem ser distintos e, quando isso não ocorre na linguagem oral, também a aprendizagem da escrita e da leitura torna-se bastante dificultosa.

A inteligência se faz necessária para simbolizar as palavras por um conjunto de letras. Há, portanto, uma estreita relação entre os problemas motores, de linguagem e de alfabetização. A criança que fala mal, quer seja por dificuldade de articulação ou por percepção defeituosa do som, encontrará sérios problemas na alfabetização. Assim, é necessário verificar os problemas ligados à linguagem e tratá-los, se possível, resolvê-los antes da alfabetização.

A linguagem pode ser observada sob dois aspectos: forma e conteúdo de expressão. A forma de expressão pode apresentar distúrbios de ritmo (gagueira, fala rápida ou lenta demais) e distúrbios de articulação (troca de letras e pronunciamento de sons de modo pouco perceptível).

O conteúdo deve expressar a compreensão e verbalização do pensamento.

Antes de um ano de vida a criança apenas emite sons guturais; com a descoberta do aparelho fonador ela passa a repetir os sons (sons onomatopáicos) como babá, dadá, mamã, papá, vovó, vovô, etc., embora ainda não conheça o sentido das palavras. A linguagem surge na última fase da primeira infância, ou seja, na fase glóssica, do grego "glotos", que significa língua. Ao final dessa fase a criança é capaz de repetir uma frase de até sete sílabas. Entre três e seis anos de idade a criança aprende a pensar e a esclarecer suas idéias. Sua insaciável curiosidade a torna indagadora com respeito ao sexo, nascimento do bebê, morte, etc. É a fase dos "porquês" e ela pergunta "o que é" e "para quê". A fala se caracteriza de início por monólogo isolado, depois pela fala paralela e interferente.

6. DESENVOLVIMENTO SÓCIO-AFETIVO

O desenvolvimento sócio-afetivo está relacionado aos sentimentos e às emoções, implicando numa pauta de interesse, solidariedade, cooperação, motivação, respeito, etc.

Para o professor conhecer dinamicamente a criança é preciso examiná-la sob uma série de aspectos, porque se o fizer apenas sob certos níveis de desempenho isolados, não terá possibilidade de julgar a direção evolutiva de sua conduta.

A conduta da criança pode sofrer várias mudanças, indo de um extremo a outro em determinado momento e depois seguir normalmente.

A necessidade de ser aceita constitui para a criança da primeira infância segurança emocional, que determinará os acontecimentos posteriores.

O bebê tem necessidade de afeto e carinho, sendo inteiramente dependente da mãe que o embala e fala com ele. Já a criança de dois a três anos mantém forte ligação não só com os pais, mas também com outras pessoas e familiares, devendo encontrar afeto e carinho em todo ambiente familiar. Ela vive presa ao seio familiar e o seu mundo é o seu lar, a tal ponto, que os psicólogos criaram a expressão "constelação familiar" para explicar essa dependência. O sistema educacional deve afinar pelo mesmo diapasão, isto é, a constelação familiar deve tomar as mesmas atitudes diante dos mesmos fatos.

Nessa fase, tensões afetivas como medo, insegurança, maus tratos, acidentes, etc., podem provocar reações desagradáveis e mais ou menos duráveis na criança (gagueira, surdez, gestos descoordenados e até paralisia). É comum a criança apresentar o hábito de chupar o dedo, porém, não normal; de início ela o faz pelo reflexo da sucção e depois como manifestação de insegurança.

A conduta sócio-afetiva da criança pré-escolar, segundo Gesell, segue uma série básica de maturação e necessita de um guia (pais ou professores) para prever e interpretar todas as oscilações dessa conduta e agir adequadamente em cada situação. Com o passar do tempo a criança passa a se interessar pela essência das coisas e não só pelo resultado delas e irá encontrando soluções para os problemas, não necessitando mais de ajuda.

Grande parte do comportamento da criança pré-escolar depende de sua interação com outras pessoas no seu dia-a-dia e da influência do meio ambiente. A criança nessa fase se torna mais independente em função do maior desenvolvimento da linguagem e do pensamento, embora permaneça ainda forte ligação com os pais e familiares. O pai passa a ser a figura central para o garoto, da mesma forma que a mãe para a menina. O menino admira o pai pela sua força, tamanho, habilidade e sabedoria, desejando se parecer com ele. A menina admira e inveja a mãe por considerá-la modelo a ser imitado. Contudo, ambos têm ciúmes dos pais por lhes roubarem parte do afeto; é muito difícil para a criança aceitar a descoberta do afeto existente entre os pais. O ciúme do irmãozinho pode ser causa de outro problema afetivo, por temer perder o afeto e a segurança dos pais. Como conseqüência a criança pode esquecer o que já sabe e regredir, assumindo atitudes de bebê, voltando a engatinhar ou mesmo desaprendendo a comer, etc. A criança pode chegar a ter atitudes hostis contra o novo irmãozinho.

A criança pequena tem facilidade para fazer amigos e brincar e da mesma forma luta e briga. Quanto maior o tempo que as crianças permanecem juntas, maior é a possibilidade de atrito, que se manifesta por meio de ataque físico.

No período da terceira infância que marca a entrada da criança na escola, o professor passa a ser a figura central para ela. A escola significa o seu universo e o trabalho escolar sua obra.

Segundo Jersild, nessa fase da infância os amigos são talvez mais importantes que os pais e assim se expressa: "a maior alegria da criança é ter um amigo em quem confiar e uma das maiores tristezas é a perda desse amigo".

Nessa idade as crianças também brigam, porém usam a língua como arma ao invés do ataque físico e, geralmente, os meninos são mais agressivos.

Em contraposição com a idade anterior, o plano afetivo é mais camuflado, cheio de segredinhos e a criança manifesta com cautela as suas idéias, por temer ser considerada "criança". Necessita de afeto e evita demonstrá-lo, irritando-se com excessivos carinhos e cuidados dos pais. Admira o adulto com maior objetividade e demonstra grande afeto pelos animais.

No plano social, a partir dos sete anos, a criança procura o "grupo", pela necessidade de ajustar-se e ser aceita. Dos nove aos dez anos prefere o "bando organizado", com códigos e uma escala de valores, que lhe permite adaptar-se ao grupo e às instituições. Renega os delatores, que merecem reprovação geral e mesmo exclusão do bando.

A criança adquire, através do relacionamento grupal, a experiência da reciprocidade e da solidariedade humana. Aprende a afirmar e defender seus direitos e a ter responsabilidade, passando de um estado de submissão a um estado de respeito mútuo.

O papel do adulto não é o de impor uma moralidade externa e sim levar a criança a refletir e julgar os fatos por si mesmo.

7. CARACTERÍSTICA DA EDUCAÇÃO FÍSICA DENTRO DO PROCESSO EVOLUTIVO

Ao ingressar na escola a criança sofre um impacto físico emocional, pois, até então, sua vida era inteiramente dedicada aos brinquedos e ao ambiente familiar. Ela permanece sentada durante muitas horas nos bancos escolares nada adequados, encerrada em salas poucos confortáveis, observando horários e impossibilitada de mover-se livremente. Pela necessidade de submeter-se a essa discilina escolar e, muitas vezes, em classes numerosas, a criança apreenta certa resistência para ir à escola. O fato não reside no total lesagrado pelo ambiente ou pela nova forma de vida, mas por não ncontrar canalização para as suas atividades preferidas. O crescimento ainda em marcha exige maior consumo de energia e não podemos permitir que a criança permaneça por longo tempo presa na sala de aula, mantendo-a calma e quieta quando ela mais precisa de movimento.

Assim, a pré-escola, de zero a seis anos de idade, deve oferecer à criança, que está em fase de intenso crescimento, atividades adequadas e prazerosas, respeitando sempre suas características individuais.

Nessa idade a criança aprende pelo método de imitação direta, no início, através da associação com coisas, animais e objetos dela conhecidos. O trabalho deve ser realizado de forma global, sem muita preocupação técnica, com liberdade de ação e com utilização de aparelhos e elementos (bolas, maças, cordinhas, bastões, pneus, etc.) para favorecer a criatividade.

Através de estímulos e contestes conforme recomenda a professora Diem, "quem é capaz de?", a criança poderá realizar ações surpreendentes. Ela é bastante criativa e está constantemente se auto-avaliando, não desanima ao encontrar o primeiro obstáculo, segue pesquisando através de novas experiências até achar a solução.

Até os três anos de idade toda tarefa deve possibilitar à criança o conhecimento de seu próprio corpo (imagem corporal), o domínio do espaço e dos objetos que a rodeiam. Não se deve falar ainda em atividade psicomotriz, pois, antes que a criança tenha conhecimento das diferentes partes do corpo não haverá o aspecto psíquico. A partir dos três anos, à medida que a maturidade vai aumentando e os reflexos chegam mais precisos ao cérebro, começam as atividades psicomotrizes.

Antes dos três primeiros anos a criança é capaz de responder apenas a uma ordem por vez, por exemplo, "correr de uma linha demarcada no solo à outra". As tarefas propostas devem solicitar a coordenação visomotora, por exemplo, "quem pode rolar a bola com a mão sobre uma linha demarcada no solo". As atividades mais indi cadas são as formas básicas (andar, correr, rolar, trepar, etc.) Do três aos seis anos alguns autores consideram a "idade de ouro" da psicomotricidade, pois, constantemente, a criança está testando sua capacidade de investigação.

A coordenação "olho mão" está mais aprimorada e sua atividade manual é bastante intensa, o mesmo ocorrendo com os pés. As sim, qualquer elemento ou objeto lhe é útil para manipular.

Nessa idade a criança já é capaz de responder até três ordens por vez, embora o domínio de seu corpo ainda seja inseguro, em razão da pouca experiência motriz. Por exemplo, "quem pode correr saltar o obstáculo e executar um rolamento à frente?". As atividades mais indicadas são ainda as formas básicas, porém, mais acentuadas do que na etapa anterior, procurando desenvolver o conhecimento do espaço, tempo, objetos, lateralidade, noções de tamanho, peso, altura, profundidade, velocidade, etc.

Nessa fase as atividades rítmicas (rodas, brinquedos cantados, etc.) e os jogos são de grande importância. As atividades lúdicas constituem um dos mais completos veículos educacionais na formação e desenvolvimento do pré-escolar, favorecendo o conhecimento do "eu corporal", a organização perceptiva e as noções de espaço e tempo. Essas atividades, quando bem dirigidas e orientadas, constituem fonte inesgotável de prazer para a criança pequena, pois ela aceita melhor as coisas que não lhe são impostas rigidamente. Os jogos organizados ou de regras para a pré-escola devem ter caráter individual; a criança nessa idade é muito egocêntrica e não é capaz de perceber que dela dependem os demais.

A partir dos seis anos de idade a criança passa de um período sincrético e global para o de diferenciação e análise, isto é, da atuação do corpo para a representação.

O trabalho com as formas básicas deve ser intensificado e já com a preocupação de integração, procurando desenvolver a coordenação dinâmica geral. Os jogos já podem ter caráter partidário em função da diminuição do egocentrismo da criança, permitindo-lhe analisar situações e ter sentido de equipe.

Nessa fase a criança aprende pelo método "solução problema"; pela possibilidade de analisar ela é capaz de resolver situações problemáticas que lhe são apresentadas. Através de "perguntas dirigidas" (quem pode executar de outra forma; quem pode observar onde está o erro; quem pode cair sem fazer outro ruído, etc.) o trabalho deverá encaminhar-se para a aquisição técnica. As exercitações ainda são de predominância global, podendo aparecer simples técnicas construidas.

Dos oito aos dez anos, as formas básicas do nível anterior adquirem, gradativamente, uma forma técnica e se convertem em destrezas específicas. Por exemplo, a forma básica "saltar" que a criança executa de forma global e natural, sem uma técnica específica, pode se transformar num salto em altura com estilo.

Em virtude do maior fortalecimento dos membros, a criança já tem possibilidade de sustentar o próprio corpo, assim como ajudar e apoiar um companheiro, iniciando o trabalho com as destrezas técnicas (rolamentos, estrelas, saltos no plinto, etc.).

As aulas não devem ser dinâmicas e sem formalidades, com técnicas simples e grande variedade de exercitações, para estimular o imediato desejo de aprender, tão acentuado nessa faixa etária. Embora não existam diferenças acentuadas entre o rendimento dos meninos e das meninas, as aulas não devem ser mistas, pois, os interesses são diferenciados. As meninas se interessam mais pelos movimentos arredondados, graciosos e rítmicos, enquanto que os meninos preferem jogos e movimentos mais violentos.

O método de trabalho mais indicado é ainda "solução-problema", que possibilita a criatividade e leva a criança à conquista do estilo próprio.

Dos dez aos doze anos, a criança chega ao final da fase pré-pubertária; para os meninos aos doze e para as meninas aos onze aproximadamente.

A partir dos dez anos, com muito estímulo anterior, a criança entra no período de formação motriz específica e, paralelamente a esta, deve ser desenvolvida a formação física de base, em função dos objetivos específicos: – formação corporal, educação do movimento, rendimento, criatividade e formação física técnica.

Até os doze anos de idade se estrutura a maior parte do esquema corporal. Nessa fase as destrezas técnicas devem ser trabalhadas mais acentuadamente e os exercícios construidos devem ter a finalidade de preparar a criança para as grandes globalizações.

Entre quatorze e dezoito anos está a adolescência, fase em que se operam as grandes transformações psicossomáticas. Embora a criança já se encontre no período de formação motriz específica, há necessidade de continuar o fortalecimento, melhorando suas condições físicas de base.

8. ATIVIDADES PRÓPRIAS DA EDUCAÇÃO FÍSICA INFANTIL

(desde a idade pré-escolar até o final da escola primária)

1. Formas básicas primárias: andar, correr, saltar e saltitar (exercícios globais).
2. Formas básicas secundárias: girar, balancear, trepar, escorregar, tracionar, rolar, etc. (exercícios globais)
As formas básicas são ações físicas e naturais próprias do ser humano, que surgem pela maturidade.
3. Destrezas: cambalhotas, paradas de mão, saltos no plinto, etc. São exercícios globais que surgem de um trabalho adequado e elaborado das formas básicas.

4. Exercícios construídos com ou sem elementos (bolas, arcos, bastões, cordas, etc.) visando a iniciação de técnicas elementares do movimento: tomada e transferência do peso do corpo, impulsos pelvianos, movimento em "onda", giros, balanceios, etc.

5. Atividades rítmicas, rodas cantadas e danças folclóricas, visando a educação do sentido rítmico.

6. Jogos recreativos, de iniciação esportiva e pré-desportivos.

7. Atletismo (forma lúdica).

8. Esporte reduzido.

9. Natação (destrezas aquáticas).

10. Vida na natureza.

11. Outras atividades.

8.1 Vida na Natureza

O contato com a natureza significa muito mais para a criança do que, tudo que, artificialmente, a escola pode lhe oferecer. Portanto, as caminhadas, excursões, colônias de férias e acampamentos, constituem atividades complementares que devem ser realizadas de formas espontâneas e naturais, para o seu completo desenvolvimento como ser humano. O problema é bem mais significativo para a criança que vive nos grandes centros.

As caminhadas, excursões e colônias de férias são validas para todas as idades; os acampamentos dever ser realizados apenas com crianças maiores (4º e 5º anos).

As **caminhadas** ou **marchas** devem ter a significação de alguma coisa que se faz com prazer. A criança gosta de caminhar segundo sua própria vontade, realizando coisas que apresentam ao longo do caminho. Devem ser realizadas em terrenos conhecidos anteriormente pelo professor. Os alunos não devem se expor às aventuras que o professor não possa solucionar. Nunca executar as caminhadas em estradas transitáveis ou lugares inseguros. Os grupos devem ser pequenos e em cada extremidade deve haver um chefe ou responsável.

Excursões: estão diretamente ligadas às caminhadas. É importante que sejam planejadas com antecedência, para que todas as crianças possam participar. Alguns dados interessantes para o planejamento: a) finalidade da excursão; b) local; c) meio de transporte d) horário de partida e de chegada; e) questão financeira; f) número de participantes; g) atividade a ser desenvolvida; etc.

Colônias de férias e acampamentos são instituições temporárias e educativas, que servem para complementar o trabalho do lar e da escola. Devem ter curta duração, mais ou menos trinta dias. São significativas pelos variados matizes que oferecem, proporcionando às crianças emoções sumamente intensas, que poderão marcá-las para toda a vida. A convivência é total, a criança permanece vinte e quatro horas ao lado dos colegas e dos professores. É importante que a criança leve dessas realizações experiências positivas; tudo depende dos dirigentes e orientadores.

Toda a criança, antes de terminar a escola primária, deveria passar pelo menos uma vez por colônia ou acampamento, onde encontraria novos estímulos, que provocariam respostas novas.

As colônias apresentam dois fatores importantes: vida em contato com a natureza e vida na comunidade. Podem ter caráter de internato ou externato. A primeira é mais interessante pela continuidade de trabalho, portanto, muito mais dinâmica. A segunda se faz quando, por questões de ordem econômica, não é possível realizar a outra.

A colônia deve ter um centro de atividade integral: exercícios físicos, recreação, trabalhos manuais, desenho, música, horas livres etc. O número de alunos não deve ser demasiado, no máximo cento e cinquenta. A colônia tem que ser dirigida por professores e educadores que cuidam de todos os problemas, sem especialização. Cada responsável deverá conhecer a criança nas vinte e quatro horas do dia. Os grupos devem ser homogêneos, de acordo com a idade, de preferência mistos, cuidando-se da co-educação.

Os acampamentos devem ser adaptados ao grau de desenvolvimento e maturidade dos alunos, portanto, devem ser realizados somente com crianças de 10 anos em diante. Antes que a criança alcance um relativo desenvolvimento físico e psíquico seria desastroso, pois surgem problemas vários, que têm que ser enfrentados.

48

com referência ao clima, alimentação, acidentes, afastamento do lar, etc.

Características dos acampamentos: a) contato estreito com a natureza; b) vida com certa rusticidade, pois, quando muito cômodo, não é acampamento; c) atividades diferentes, próprias do acampamento; d) auto-abastecimento, isto é, serve-se a si próprio; e) vida coletiva.

O acampamento pode ser recreativo e educativo, de preferência co-educativo. As crianças de escola primária devem realizar acampamentos físico-educativos e nos meses de férias.

8.2 OUTRAS ATIVIDADES

MATROGINÁSTICA: – consiste na prática do exercício físico em família, de uma forma lúdica e prazerosa.

Nasceu da idéia da mãe trabalhar com a criança, porém, o pai ou outro membro qualquer, responsável por ela, poderá participar igualmente.

A matroginástica tem como objetivo específico a união da escola e lar. As atividades realizadas na escola poderão ser repetidas em casa, com a participação de toda a família.

Essa forma de trabalho se faz muito apropriada quando a criança ingressa na pré-escola, funcionando como elemento de adaptação. Também serve para proporcionar maior comunicação entre pais e filhos, despertando o adulto para a prática do exercício físico.

A matroginástica é mais indicada para crianças da pré-escola, porém, em datas especiais como: dia da criança, dia das mães, dia dos pais, dia da árvore, etc., essa atividade poderá envolver outras faixas de idade. A escola poderá convidar pais e filhos, para participarem de uma forma descontraída e alegre da prática do exercício.

AULA ESTORIADA: – consiste no desenvolvimento de uma aula, de forma natural, descontraída e alegre. O professor vai narrando uma estória, conhecida ou não das crianças e essas, por imitação, vão executando os mesmos movimentos. É indicada para crianças da pré-escola.

Por exemplo, o professor poderá criar, no momento da aula, uma estória para o "dia das mães".

DRAMATIZAÇÃO: – consiste na interpretação de um tema, de preferência, conhecido das crianças. Para a sua realização há necessidade de: montagem do cenário, iluminação, som, música, interpretação do texto, caracterização dos personagens, etc.

É um trabalho de grande valor educacional, despertando o sentido de equipe (liderança positiva, cooperação, comunicação, criatividade, força de vontade, etc.). Exige um certo tempo para a sua elaboração.

O final do tema deve conter sempre uma mensagem positiva, contribuindo para a formação da personalidade.

Exemplos: Natal, o Consumo na Floresta, o Pequeno Príncipe, etc.

RUAS DE LAZER: – consiste em atividades naturais e recreativas realizadas numa rua destinada para tal, num parque ou numa praça.

O programa a ser desenvolvido deverá ser previamente estruturado pelos organizadores, devendo ser bastante flexível, para atender aos interesses das crianças. De preferência, o trabalho deverá ser realizado em forma de estações, com monitores em cada uma e com a utilização de elementos e aparelhos variados.

Essa forma de atividade poderá ser realizada entre as escolas do bairro ou da cidade, agrupando crianças da mesma faixa etária.

O ideal seria que a escola organizasse, pelo menos uma vez ao ano, essa forma de recreação, proporcionando às crianças uma vivência jamais esquecida.

GINCANAS: – são atividades recreativas e competitivas, que poderão ser realizadas com crianças de qualquer idade. Envolvem provas de habilidade que ensejam aspectos cômicos. Podem ser internas (dentro do local da escola) ou externas; de forma individual ou grupal;.

Recomenda-se para as crianças da escola primária a gincana interna, em forma de estações, eliminando o risco de acidentes, fora da escola.

50

CÂNONES: – são atividades rítmicas cantadas em grupos, com alternância ou tempos de atraso. Servem para melhorar a coordenação motora, a expressão corporal, a atenção, a dicção, o ritmo, a criatividade, os sentidos auditivo e visual, etc.

As crianças interpretam com pequenos movimentos e gestos, o significado dos versos.

9. APRENDIZAGEM

É o processo molar por meio do qual o conhecimento, a habilidade, os hábitos, as atitudes e ideais são adquiridos, retidos e utilizados, originando progressivos ajustes e modificações da conduta.

A aprendizagem é um processo integrador de todas as realizações, tendo-se em mira os princípios pedagógicos: adequação, totalidade, criatividade, variações rítmicas, realismo, experiência prática, etc.

CATEGORIAS DE APRENDIZAGEM: propósitos, objetivos específicos, fins e metas.

a) **propósitos:** são coisas concretas e imediatas (exercícios) para alcançar os objetivos da classe. Por exemplo, executar dez flexões de braços em decúbito ventral (para melhorar a força dos braços).

Os exercícios utilizados estão representados pelas formas globais e construídas, que se apresentam como exercitação, jogo ou desporto.

b) **objetivos específicos:** são coisas mais gerais que podem ser realizadas durante o período anual escolar e dependem da possibilidade do acervo motor da classe (habilidades gerais). Devem ser graduadas evolutivamente e planejadas em função dos aspectos constitutivos do movimento (núcleos, qualidades e técnicas; sentido, conteúdo e significação).

Esse nível de objetivos integra o nível anterior, isto é, contém o nível de propósitos. Por exemplo, aumentar a capacidade de força dos braços.

c) **fins** (objetivos gerais): respondem a uma maior programação no tempo, por exemplo, durante o período da escola primária ou secundária. Os fins, por sua vez, integram o nível anterior: objetivos. Constituem resposta à sociedade quanto à educação do homem como um todo. Os fins determinam um nível de rendimento: resultado maior onde se integram, muito estreitamente, as três áreas da conduta (mente, corpo e mundo externo). Os fins devem estar estabelecidos de conformidade com a região ou país. Para conseguir esses objetivos, o professor deverá desenvolver o trabalho com bases nos objetivos específicos da Educação Física (formação física básica, educação do movimento, criatividade, eficiência física ou resultado e formação física técnica.). Por exemplo, a obtenção da formação física básica.

d) **metas**: são níveis superiores que orientam as coisas logradas no nível anterior, assim, como: a obtenção da formação física básica, da formação física técnica, etc. Nesse nível final pretende-se conseguir o homem fisicamente educado, isto é, aquele cuja personalidade opera em forma integrada e dinâmica, na qual os aspectos da formação física estão integrados com os aspectos da educação.

A aprendizagem depende de um nível de integração através do tempo. Atualmente deve-se apresentar o trabalho por **temas** , de acordo com a necessidade dos alunos sobre: qualidades, núcleos articulares, funções e técnicas. É necessário que cada tema se encadeie com os demais das classes anteriores. O professor não deverá esquecer que formação física básica, educação do movimento, rendimento, criatividade e formação física técnica, são formas de trabalho que se interdependem e que atuam em forma conjunta.

Processo de desenvolver os temas propostos para a classe:

1º apresentação do problema
2º experimentação por parte da criança
3º eleição da melhor técnica

4º execução da melhor forma encontrada
5º prática
6º integração

10. QUE MATERIAL UTILIZAMOS

MATERIAL PEQUENO: bolsinhas (de arroz ou areia), bola de borracha, faixas, cordinhas, corda elástica, clavas ou maças, bastões, bolas de tênis, corda circular, pneus, medicinebol, bastões de revezamento, etc.

MATERIAL GRANDE: colchões, plintos, escadas, bancos suecos, barras horizontais, tronco de equilíbrio, etc.

A elaboração de exercícios com o emprego de elementos (material pequeno) constitui um fator psicológico de grande importância, motivando uma atitude mental diferente no executante. Quando o aluno balanceia, movimenta ou lança algo e esse algo é o elemento que tem em mãos, toda a sua predisposição psicofísica se dá de uma maneira mais lógica e natural do que quando se move utilizando o exercício livre, pois, o relaxamento psíquico favorece a descontração muscular. Contudo, a nova didática do movimento não nega a importância dos exercícios livres ou sem elementos. O professor deve intercalar nas suas aulas, os exercícios livres e os exercícios com elementos, pois, ambos se apóiam mutuamente. Dessa forma se conquistará uma formação corporal mais completa e a educação dos movimentos alcançará melhor seus objetivos.

As metas conseguidas, no terreno dos exercícios com elementos, têm sido os caminhos que se abrem para a passagem das formas analíticas de trabalho, para as sintéticas e a realização das formas totais de movimento.

Devemos utilizar os elementos: a) por distrair, afastando as inibições; b) pelo prazer que despertam na execução do movimento , tornando-o natural; d) por dar sentido de forma (desenho); e) por despertar o sentido de peso e impulso, encontrando a descarga necessária de energia para a execução do movimento; f) por despertar a sensibilidade das mãos e dos dedos; g) por dar agilidade; h) por despertar o sentido rítmico.

Seja qual for o elemento, jamais deve constituir um ornamento e sim, a razão para a realização do movimento; é necessário que o aparelho utilizado esteja de acordo com a forma do movimento.

Os exercícios com elementos constituem um jogo comunicativo entre o executante e o aparelho. Não se concebe uma ação fria, esquemática, dissociada e sim, uma unidade psicofísica dinâmica de constante renovação, cheia de colorido rítmico.

O praticante deve seguir com o corpo, com a atenção e com sua capacidade intencional a direção dos movimentos, o que o levará à conquista da forma (estilo). O caminho a ser percorrido pelo movimento não será temeroso, inseguro, freado, e sim, decidido e espontâneo. Assim, surgirá o ritmo vital que cada movimento tem, chegando-se à naturalidade.

Especificação Dos Elementos:

Bolsinhas de 15 a 20 cm de comprimento por 8 a 10 cm de largura, não muito cheias de arroz ou areia. Servem para exercícios de apreensão dos dedos e artelhos, exercícios de coordenação e arremesso.

Bolas de borracha: peso, mais ou menos 400 a 500 gramas por 50 a 60 cm de circunferência. As bolas são usadas para exercícios de rolar, picar, lançar, impulsionar, etc., educando as coordenações.

As faixas são usadas para jogos de atar e desatar, para transportar companheiros, para vendar os olhos, etc.

Cordinhas: usadas para os saltitamentos, educando as impulsões; como motivação, formando ilhas, lagos, obstáculos, etc.; nos exercícios de coordenação, etc.

Corda elástica: usada para educar a impulsão e a coordenação; possibilitando os educativos para os saltos e tem a finalidade de fazer trabalhar grande número de alunos em pequeno espaço.

Chaves ou **maças:** peso de 300 a 600 gramas, de 30 a 40 cm de comprimento. Devem ser confeccionadas de madeira maciça e que não rachem com facilidade. Pelo sentido de peso, as maças servem para educar o balanceio; servem como elemento de percussão nos movimentos de batidas para a educação do ritmo; servem como obstáculos, pontos de referência e como incentivo para os exercícios de formação corporal.

Arcos: devem ter de 60 a 75 cm de diâmetro, de preferência de madeira compensada ou de junco. Servem para os exercícios de rolar, girar, para educar o balanceio e como incentivo aos exercícios de formação corporal.

Bastões: de 80 cm a 1,20 m de comprimento. Servem para a educação do balanceio, para os exercícios formativos, como obstáculos, para transporte, etc.

Corda circular: também usada para fazer trabalhar grande número de alunos em pequeno espaço. Serve para exercício de aquecimento, de agilidade e para exercícios formativos.

Pneus (de lambreta, bicicleta e autos pequenos): servem como obstáculos; para exercícios de transportar e rolar; para educar os rebotes; para trabalhar a "força" nos exercícios de lançar, etc.

Medicinebol: (de 2 a 3 kg) para educar a força, arremessos e como incentivo aos exercícios formativos.

O uso dos **colchões** se faz necessário para os rolamentos, paradas de mãos e nas quedas dos saltos.

Os **plintos** são usados para a aprendizagem de saltos elementares: salto do "coelhinho", passagem da "janelinha", salto do "anjo", salto "tesoura", salto "grupado", passagem circular, para rolamentos, etc.

Os **bancos suecos** são usados como obstáculos nos saltos, como plano inclinado, para equilíbrio, como elemento de transporte e para exercícios formativos. As **escadas**, as **barras horizontais** e o **tronco de equilíbrio** são aparelhos usados para exercício de suspensão, equilíbrio, tração, trepar, etc.

Observação: Na falta de material, quando as condições da escola são precárias, o professor deverá orientar os alunos para o aproveitamento de "sucatas".

Assim, cabos de vassouras velhas poderão se transformar em bastões; garrafas plásticas cheias de areia ou água substituirão as maças; com pedaços de mangueira, poderão ser feitos os arcos; com flocos de espuma ou trapos, os colchões; com latas grandes, cimento úmido e caibros, os suportes para a rede de voleibol; a rede poderá ser feita com sacos plásticos de cebola, etc. Enfim, há uma infinidade de material que poderá ser construído com a utilização das "sucatas": plintos, barreiras, obstáculos, tabelas e cestos para basquetebol, etc.

11. ESQUEMAS DE AULA

PARTE INICIAL – PARTE PRINCIPAL – PARTE FINAL

A primeira parte da aula é a entrada em calor: preparação muscular, e nervosa. Utilizar as formas básicas da movimentação: andar, correr e saltitar; em formas combinadas ou isoladas, descrevendo ou não figurações (serpentina, círculo, oito, estrela, espiral, etc.). É a parte menor da aula, não interessa a quantidade de exercícios e, sim, que esses exercícios solicitem realmente a classe, preparando-a para receber a parte mais intensa da aula. Toda a movimentação deve dar ensejo ao domínio da relação: tempo-espaço.

Podem ser utilizados, também, os jogos de rápida movimentação, que solicitam toda a classe de uma só vez.

Nessa parte da aula os exercícios têm caráter disciplinar. É o primeiro contato do professor com a classe; ele tem que motivar os alunos, pois o fator psicológico é importante para o bom êxito da aula.

A segunda parte da aula é a parte principal da lição; nela tratamos do corpo e do movimento: a) formação corporal, b) educação do movimento.

a) formação corporal: trabalho com as grandes massas musculares, visando o fortalecimento dos músculos e alinhamento postural, desenvolvendo a força, a velocidade, a flexibilidade, a resistência e a coordenação. Pode-se trabalhar individualmente, aos pares ou em grupos; utilizando-se o próprio corpo, o corpo do colega, elementos (bolas, arcos, cordas, clavas, bastões, pneus, medicinebol, etc.) e aparelhos (plintos, bancos suecos, barras, traves, colchões, etc.). Devemos explorar as flexões, extensões, rotações, inclinações, etc., variando planos e direções, com atividades variadas que interessem a todos os órgãos e sentidos.

b) educação do movimento; iniciação de exercícios construídos para trabalhar com as técnicas de movimento do homem (técnicas das formas básicas: andar, correr, saltar, girar, balancear, molejar, escorregar, trepar, tracionar; técnica dos impulsos pelvianos; técnica da tomada e transferência do peso do corpo, técnica dos desportos; técnica da dança, etc.).

Partir de técnicas elementares, através de exercícios simples, que possam ser assimilados e incorporados pelas crianças, de acordo com as suas possibilidades.

Na **parte final** pode-se trabalhar com as "destrezas" (formas básicas evoluídas), cambalhota, saltos no plinto, paradas de mão, etc. Podem ser dados: jogos recreativos ou de iniciação esportiva e danças folclóricas.

Observação: Para uma aula de esporte reduzido ou esporte propriamente dito, utilizar na parte inicial exercícios preparatórios, visando o determinado esporte; na segunda parte, estudos dos fundamentos não conhecidos do jogo, e na parte final, fazer a classe jogar.

DURAÇÃO DA AULA: 50 minutos, assim distribuídos: 1ª parte, 10 minutos; 2ª parte, 30 minutos e na 3ª parte, 10 minutos.

Esquema nº 1
Duração 50 minutos
DUPLAS

PARTE INICIAL – 10'

1 – Alunos correndo à vontade pelo espaço; ao sinal, agrupam-se aos pares e continuam correndo; novo sinal; agrupam-se por quatro sendo um par à frente, outro atrás; novo sinal, formam colunas de quatro, sempre correndo. O líder do grupo dará as direções a serem tomadas.

2 – A e B de frente, mãos dadas, braços estendidos: executar "galope lateral" (passo-une-passo, saltitando, seguidamente). O líder dará, à vontade, à direção.

PARTE PRINCIPAL – 30'

1 – A em decúbito ventral, mãos na nuca; B ajoelhado apoiando as pernas de A à altura dos tornozelos: – o 1º eleva o tronco lentamente, inspirando; abaixar, expirando. Executar 6 vezes e trocar – **força dorsal**.

2 – A e B ajoelhados, frente a frente, mãos apoiadas sobre o dorso do companheiro, braços estendidos: – empurram-se mutuamente para baixo, mantendo a coluna estendida – **alongamento e corretivo de coluna**.

3 – A e B de pé, frente a frente, mãos dadas, braços estendidos: – flexionar as pernas, sentando-se nos calcanhares, conservando os braços estendidos e mantendo os calcanhares no chão (procurar o equilíbrio de forças) – **pernas**.

4 – A em decúbito dorsal, B em pé, pernas ligeiramente afastadas, apoiando as pés do 1º sobre suas coxas: – A flexionando o tronco, contraindo os músculos abdominais e mantendo o queixo junto ao peito, vai sentando lentamente (30°) procurando tocar as mãos nos pés – **abdominal** – 6 vezes e trocar.

5 – A de "gatas" ou de "quatro", ajoelhado, mãos apoiadas no solo, tronco reto, paralelo ao solo; B apoiando as mãos sobre o dorso de A salta sobre ele de um lado para outro – "saltos do coelhinho", elevando os quadris, mantendo as pernas flexionadas – **apoio** – (8 salto e trocar).

6 – A e B em pé, cada um segurando, com a mão direita, a perna esquerda do outro à altura do tornozelo, mãos esquerdas dadas: saltitar nessa posição, girando nos lugares – **agilidade** e **força nas pernas.**

PARTE FINAL – 10'

Jogo: – Iniciação para o "Bola-ao-Cesto"

Alunos em 2 ou 3 colunas, distantes mais ou menos 5 metros do cesto; cada testa de coluna de posse de uma bola. Ao sinal dado saem correndo lançando a bola ao cesto, com as duas mãos, procurando encestá-la. Após conseguir o cesto, apanhar a bola, entregando-a ao seguinte da fila, indo colocar-se no final da mesma. Vencerá a partida quem terminar em 1º lugar, tendo todos os jogadores conseguido encestar a bola.

Esquema nº 2
Duração 50 minutos
LIVRE

PARTE INICIAL – 10'

1 – Caminhar de frente e de costas.

2 – Círculo frontal;, mãos dadas: "galope lateral à esquerda e à direita (saltitando, passo-une-passo).

3 – Idem, exercício anterior, sendo três galopes de frente e três de costas (soltando-se as mãos executam giro e meia volta pela esquerda e contragiro pela direita.

PARTE PRINCIPAL – 30'

1 – De "gatas" ou de "quatro", colocando as mãos bem à frente, braços obliquamente: – forçar seguidamente o tronco para baixo, procurando tocar o peito o mais perto do solo possível: – **elasticidade das espáduas (alongamento)**.

2 – De "gatas", sentado nos calcanhares, braços bem estendidos, mãos apoiadas no solo: – rastejando, deslizar o tronco bem à frente, passando-o além das mãos, apoiando a bacia no solo e elevando o tronco. Voltar à posição de partida elevando os quadris e deslizando o tronco no solo novamente – **dorsal e apoio** (força de braços).

3 – Grande afastamento lateral: – flexão alternada das pernas com balanceamentos dos braços paralelos no plano frontal – **pernas e braços**.

4 – De pé, braço esquerdo ao lado: – 1° balanceamento do braço à frente do corpo; 2° balanceamento para a lateral; 3° completando o movimento do braço acima da cabeça; 4° inclinação do tronco à direita com insistência. Molejar nos dois primeiros tempos, estendendo as pernas nos tempos seguintes: **tronco** – executar do outro lado (alongamento do serrátil).

5 – Flexão e balanceamento do tronco com movimento elástico das pernas, os braços acompanham (4 tempos), no plano sagital elevando e estendendo o tronco executar duas circunduções dos braços (2 tempos). Reiniciar o movimento – alongamento.

6 – Decúbito dorsal, braços ao longo da cabeça: – "tesoura" alternada de pernas e braços, tocando a mão direita no pé esquerdo e vice-versa – psoas-ilíaco. Ao iniciar a movimentação, tomar a posição meio sentada.

7 – Decúbito dorsal, braços ao longo da cabeça: – sentar-se, flexionando as pernas, segurando os joelhos, sem tocar os pés no solo. Não elevar-se mais de 30 graus. Voltar à p.p. – **abdominal**.

8 – Vertical, subindo e descendo em "tesoura": – apoiar as mãos no solo, chutando as pernas alternadamente para cima: **apoio**.

9 – Grupo de três: – uma executa "vertical", com a proteção dos outros dois que procuram agarrar as pernas do executante. Voltar à p.p. descendo uma perna e outra.

10 – Idem, exercício anterior, executando rolamento para desfazer a vertical.

PARTE FINAL – 10'

Aplicação:

Cambalhotas ou rolamentos à frente, nos colchões: desenvolvimento do processo pedagógico.

Esquema nº 3
Duração 50 minutos
MATERIAL: BOLAS

PARTE INICIAL – 10'

1 – Correr à vontade pelo espaço picando a bola, alternadamente, com uma e outra mão.

2 – Picar a bola com as duas mãos e saltitar com pés junto ao ritmo da mesma.

3 – Rolar a bola fortemente e correr procurando ganhar-lhe a corrida.

PARTE PRINCIPAL – 30'

1 – Picar a bola fortemente e acompanhar os seus piques, saltitando – **pernas.**

2 – Picar, progredindo de cócoras – **pernas.**

3 – Decúbito ventral: rolar a bola de uma mão à outra, passando-a sob o peito – **dorsal.**

4 – Sentado, pernas estendidas, bola sobre os tornozelos: – balanço atrás, elevando as pernas e apanhando a bola sobre o rosto – **abdominal.**

5 – Sentado, pernas estendidas: – executar o movimento de "tesoura" com as pernas elevadas e flexionadas a 20 cm do solo, passando a bola de uma mão para outra, por entre as pernas – **abdominal.**

6 – Sustentando a bola entre os pés, apoiar as mãos no solo flexionando as pernas e lançá-la por cima da cabeça; elevar bem os quadris e estender as pernas – **apoio.**

7 – Picar a bola e executar o "salto tesoura" sobre ela – **salto.**

8 – Balanceamento frontal com uma e outra mão. Procurar executar movimentos totais, observando a técnica do balanceio, estudo da transferência de peso, trabalho do tronco, etc. – **balanceamento.**

9 – Balanceamento frontal com flexão do tronco, passando a bola de uma mão para outra.

10 – Balanceamento sagital com uma e outra mão, no sentido antero-posterior.

PARTE FINAL – 10'

Seqüência coreográfica (elementos dados em aula ou já conhecidos). Alunos em círculo frontal: afastando a perna esquerda executar 4 vezes o balanceamento frontal, de uma mão para outra, sendo duas vezes em cima e duas vezes embaixo, flexionando o tronco.

Rolar a bola para o colega da esquerda, deslocando-se, unindo a perna direita à esquerda. Apanhar a bola com as duas mãos, picá-la sobre o solo, lançá-la para o alto e apanhar. Reiniciar a movimentação, 4 vezes ao todo.

Esquema nº 4
Duração 50 minutos
MATERIAL: CORDINHAS

PARTE INICIAL – 10'

1 – Saltitar.com os pés juntos, sem elevar os joelhos.

2 – Idem, girando nos lugares.

3 – Saltitar, alternadamente, com um pé e outro.

4 – Idem, exercício 3 em progressão.

PARTE PRINCIPAL – 30'

1 – Sentado, pernas flexionadas, corda horizontalmente no solo: – apanhar a corda com os artelhos – **arcos dos pés.**

2 – Sentado, pernas flexionadas, segurando a corda pelos extremos, apoiando a parte central nas solas dos pés: – estender as pernas e voltar à posição de partida – **pernas.**

3 – Decúbito ventral; braços estendidos, segurando a corda dobrada em quatro, horizontalmente: – elevar o tronco erguendo a corda o mais alto possível – **força dorsal.**

4 – Sentado, pernas flexionadas, segurando a corda dobrada em quatro pelas extremidades: – passar uma perna e outra por cima da corda, sem tocá-la; voltar igualmente à posição inicial – **abdominal.**

5 – Em grupos de três: – A e B segurando a corda horizontalmente à altura de 40 cm. C com apoio das mãos no solo executa o "salto do coelhinho" sobre ela (elevar bem os quadris, pernas flexionadas) – **apoio.** Executar quatro vezes e trocar.

6 – Idem, exercício anterior, porém, executando o "salto tesoura" sobre a corda.

PARTE FINAL 10'

Aplicação: "salto tesoura" – atletismo em competição.

Esquema nº 5

Duração 50 minutos

MATERIAL: BASTÕES

PARTE INICIAL – 10'

1 – Colunas de bastões espalhados sobre o solo, mais ou menos a 1 m de distância um do outro: – correr, saltando por sobre os bastões, com passos largos.
2 – Bastões sobre o solo: – saltar o bastão com os pés juntos, de frente, de costas e girando.

PARTE PRINCIPAL – 30'

1 – Bastão verticalmente no solo, apoiando-o com uma mão: – passar sob o braço, flexionando bem a coluna, sem tirar o bastão do solo – **flexibilidade da coluna.**
2 – Sentado, pernas cruzadas e flexionadas, bastão horizontalmente sobre a cabeça: deslizá-lo sobre as costas até a altura dos quadris, conservando o tronco ereto – **corretivo de coluna.**
3 – Decúbito ventral, braços estendidos segurando o bastão horizontalmente, elevar o tronco colocando o bastão sobre a região dorsal – **força dorsal, corretivo de coluna.**
4 – Sentado, pernas flexionadas: – prender o bastão com os artelhos elevando-o do solo – **arco do pé.**
5 – Decúbito dorsal, segurando o bastão pelos extremos apoiando-o sobre as coxas: – elevar o tronco e as pernas obliquamente aproximando os joelhos do peito – abdominal.
6 – A e B, frente a frente, segurando cada um, com as duas mãos na extremidade do bastão: – **tração de frente.**
7 – A e B, frente a frente, distanciados mais ou menos dois metros segurando os bastões verticalmente com uma extremidade apoiada no chão: – largar o seu bastão e correr para pegar o do colega antes que caia – **agilidade.**

PARTE FINAL – 10'

Jogo de agilidade: em grupos de quatro, cada um apoiando levemente o bastão sobre o solo, verticalmente.

O professor comanda "direita" ou "esquerda" e os alunos deve-
ão largar o seu bastão para apanhar o do colega, deslocando-se à di-
eita ou à esquerda.

Todos deverão fazê-lo antes que o bastão caia.

Vão-se computando pontos perdidos aos grupos que derruba-
em os bastões.

12 GINÁSTICA COM ELEMENTOS:

BOLAS:

BOLA QUE ROLA

1. Rolar com a mão, com o pé, com o joelho, com os glúteos e com a cabeça.

2. Rolar a bola, correr e fazer a "ponte" para que ela passe por baixo.

3. Rolar e correr, ganhando-lhe a corrida.

4. Rolar entre as pernas descrevendo "oito".

5. Rolar e saltar por cima dela; dar mais dois passos antes de pegá-la.

6. Rolar a bola em volta do corpo, na posição sentada, pernas estendidas.

7. Sentado, pernas estendidas: rolar a bola de um lado para outro por sob as pernas estendidas e elevadas.

8. Decúbito ventral: rolar a bola sob o peito, de uma mão para outra, elevando o tronco.

BOLA QUE PICA

9. Picar livremente.

10. Correr picando com uma mão e outra.

11. Picar com as duas mãos e saltitar ao ritmo da bola.

12. Picar forte e passar o corpo por baixo o maior número de vezes possível.

13. Picar forte e acompanhar os piques.

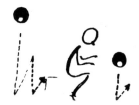

14. Picar avançando de "cócoras".

15. Da posição de pé, picar a bola, ajoelhando-se e continuar até a posição deitada.

16. Correr picando a bola, girar com saltitamento e continuar correndo.

17. Em círculo, picar avançando e retrocedendo.

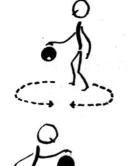

18. Saltitar ou correr picando a bola em círculo de esquerda ou de direita.

19. Várias cordas paralelamente sobre o solo e distantes: – correr picando a bola e ao passar sobre as cordas, voltear a bola ao redor do corpo.

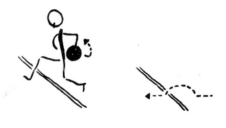

20. Picar a bola progredindo de "cócoras" saltitando para um e outro lado sobre uma corda estendida no chão.

21. Picar a bola, alternadamente, sob uma perna e outra.

22. Picar a bola e executar o salto "tesoura" sobre ela.

23. Aos pares, ajoelhados, com duas bolas: picar 4 vezes e passar a bola ao colega, num pique mais forte.

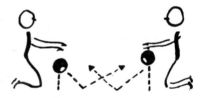

24. Aos pares, frente a frente, picar a própria bola 4 vezes com a mão direita e 4 vezes, alternadamente, a do colega e a própria.

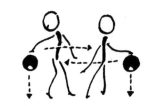

25. Em quarteto: – picar, picar forte e deslocar-se para o lugar do vizinho.

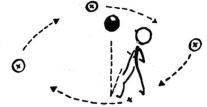

26. Segurando pelos extremos do bastão, enfrentados: – picar a própria bola 4 vezes e passando o braço por cima do bastão, picar a do colega 4 vezes.

BOLA LANÇADA

27. Lançar a bola e recebê-la bem acima com uma mão.

28. Lançar e cabeceá-la.

29. Segurar a bola entre os tornozelos e, saltando, lança-la para o alto e apanhar com as duas mãos.

30. De "quatro", sustentando a bola entre os pés: – elevar os quadris, lançando-a por cima da cabeça.

31. Sentado, pernas estendidas, bola sobre os tornozelos: – balanço atrás lançando a bola para cima, apanhando-a sobre a cabeça.

32. Correr e lançar a bola obliquamente para cima, recebendo-a antes que caia ao solo.

33. Lançar por sobre a cabeça de uma mão à outra.

34. Lançar de uma mão à outra por trás das costas.

35. Lançar para o alto com uma mão, fazendo reversão do pulso.

36. Lançar de uma mão para outra à frente do corpo – balanceamento frontal.

37. Lançar com uma mão no sentido antero-posterior (esquerda e direita).

38. Idem, exercício anterior, trocando de mão após o segundo balanceamento.

BASTÕES:

1. Correr saltando sobre os bastões com passos largos.

2. Correr com o bastão sobre o dorso da mão, deixá-lo cair e apanhá-lo antes que toque o solo.

3. Apoiar o bastão sobre os ombros: – caminhar na posição de cócoras, conservando o tronco ereto.

4. Bastão sobre o solo: — caminhar sobre ele, introduzindo-o entre o 4º dedo e o grande artelho.

5. Sentado, pernas afastadas e flexionadas: — prender o bastão com os artelhos elevando-o.

6. Segurar o bastão pelos extremos: — passar e voltar, alternadamente, as pernas por cima dele.

7. Bastão verticalmente no solo, apoiando-o com uma mão: — passar sob o braço, flexionando bem a coluna, sem tirar o bastão do solo.

8. Segurando o bastão pelos extremos: — passar uma perna ao redor do braço e por dentro do bastão; circundando-o ao redor do corpo, passar a outra perna.

9. Sentado, pernas cruzadas e flexionadas, bastão horizontalmente sobre a cabeça: – deslizá-lo sobre as costas até a altura dos quadris, conservando o tronco ereto.

10. Decúbito ventral, braços estendidos, segurando o bastão horizontalmente: – elevar o tronco colocando o bastão sobre a região dorsal.

11. Decúbito dorsal, segurando o bastão pelos extremos e sobre as coxas: – elevar o tronco e as pernas obliquamente para cima.

12. Prender o bastão sob os joelhos: – balanço.

AOS PARES

13. De costas, ambos tomam o bastão: – levantar o companheiro.

14. Tração de frente.

15. Decúbito ventral, frente a frente, segurando o bastão horizontalmente sobre o solo: empurrar simultaneamente para cima, estendendo os braços e elevando o tronco.

16. Um em decúbito ventral, segurando o bastão pelos extremos: – o outro, tomando o centro do bastão, arrasta o colega pelo solo.

17 Um sentado, braços elevados segurando o bastão horizontalmente pelos extremos; o outro em pé, apoiando com a perna as costas do primeiro, segura o bastão pelo centro com as duas mãos: – tração e resistência relativa.

18. Exercício anterior, porém, empurrar e resistir.

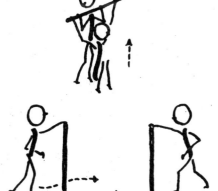

19. Frente a frente, segurando o bastão verticalmente: – largar o seu bastão e correr para apanhar o do colega, antes que caia.

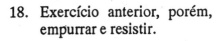

TERCETOS

20. Dois sustentam o bastão e o 3º salta apoiando nos ombros dos companheiros. Idem, sem apoio.

21. Dois sustentam e transportam o 3º que está apoiado no bastão e com as pernas flexionadas.

22. Dois sustentam e o 3º dá volta inteira (giro) agarrado ao bastão.

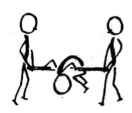

ARCOS

1. Correr, segurando o arco à frente do corpo (automóvel).

2. Rodar o arco e ganhar-lhe a corrida.

3. Rodar o arco, dar uma volta ao redor dele e seguir correndo.

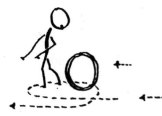

4. Rodar o arco entre obstáculos.

5. Rodar o arco, correr ganhando-lhe a corrida e deitar-se em decúbito ventral para que passe por cima.

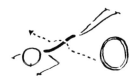

6. Lançá-lo acima e receber.

7. Arco sobre o solo: – correr, saltar e saltitar ao redor dele.

8. Em pé, pernas separadas: – girar o arco ao nível dos quadris.

9. Um sustenta o arco, o outro passa por dentro.

10. Um sustenta o arco, o outro salta para dentro.

11. Carrinho: – um à frente, outro atrás, arco no meio.

12. Dois a dois de frente, segurando o arco horizontalmente: – galope lateral.

CORDINHAS:

1. Caminhar sobre a corda, colocando-a entre o 4º dedo e o grande artelho.

2. Corda no chão: – saltitar de um lado a outro com os pés juntos, em progressão.

3. Executar o salto do "coelhinho" sobre a corda.

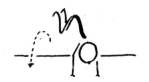

4. "Burrinho coiceiro".

5. Sentado: – apanhar a corda com os artelhos.

6. Em pé, apanhar a corda com um pé, pelos artelhos, e saltitar, mantendo-a elevada.

7. Apanhar a corda com um pé a jogá-la para o alto.

8. Corda dobrada em quatro: – rodar o laço do boiadeiro, com uma e outra mão.

9. Corda em círculo, no chão: – gatear em volta da ilha.

10. Corda em círculo, no chão: – com apoio das mãos, saltar para dentro e para fora.

11. Corda em círculo, no chão: – sentado no centro, executar o balanço.

12. Girando a corda: – saltitar com os pés juntos.

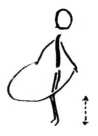

13. Girando a corda: – saltitar, alternadamente, com um pé e outro

14. Saltitar no lugar, girando em volta do próprio eixo.

15. Saltitar, alternadamente, com um pé e outro, em progressão.

16. Sentado, pernas flexionadas, segurando a corda pelos extremos, apoiando a parte central nas solas dos pés: – estender as pernas e voltar à posição de partida.

17. Cada um segurando uma extremidade da corda: – correr 7 passos, fazendo no 8º passo uma flexão profunda de pernas, dando meia volta e recomeçando para o outro lado.

18. "Cavalinho" (um enlaça a corda na cintura do outro e ambos correm, trotando).

19. Dois seguram a corda a 40 cm do solo, o outro com apoio das mãos executa o salto do "coelhinho".

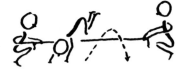

20. Idem, com a execução do salto "tesoura".

21. Dois girando a corda: — passar girando por sob ela, ora um, ora outro.

22. Dois girando a corda: — saltar, alternadamente, um e outro.

23. Combinar os exercícios 21 e 22.

24. Dois girando a corda e os demais passando correndo sob ela.

25. Dois girando a corda e os demais, aos pares, passam correndo sob ela, executam giro de meia volta e dão um salto dentro dela.

26. Dois movimentam a corda em "cobrinha" sobre o solo, o 3º saltita para um lado e outro.

27. Dois seguram a corda bem elevada, horizontalmente: – correr e cabecear a corda.

28. Duas cordas paralelas: – saltar em distância caindo de cócoras.

29. Duas cordas paralelas: – saltar a 1ª e passar por baixo da 2ª.

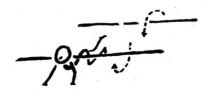

30. Duas cordas paralelas: – saltar a 1ª em "tesoura" e a 2ª com o salto do "coelhinho".

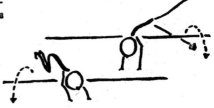

CORDA ELÁSTICA OU COMUM:

LONGITUDINALMENTE: 40 cm mais ou menos de altura.

1. Saltitar com os pés juntos de lado e outro da corda.

2. Saltitar com um só pé de um lado e outro.

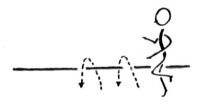

3. Quadrupedia com pernas estendidas, corda no meio.

4. Quadrupedia lateral.

5. Avançar em três patas.

6. "Salto do coelhinho" de um lado e outro, elevando os quadris, pernas flexionadas.

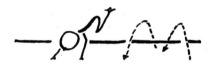

7. "Salto do coelhinho" de um lado e outro, rolando por baixo da corda para voltar.

8. "Salto tesoura" de um lado e outro, um passo entre cada salto.

9. "Salto tesoura" sobre a corda e passar por baixo dela para voltar

10. Em afastamento lateral, corda entre as pernas: – saltitar duas vezes e dar meia volta no ar. Repetir para retroceder.

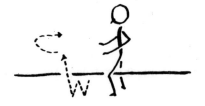

TRANSVERSALMENTE

11. Saltar de frente, pés juntos.

12. Saltar de frente e executar meia volta no ar para retroceder.

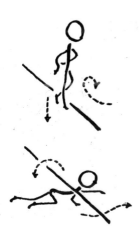

13. Saltar e voltar por baixo.

14. Correndo, passar por baixo da corda.

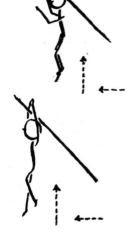

15. **Corda alta:** – correr, saltar com os pés juntos e tocá-la com a cabeça.

16. Correr, saltar e bater palmas acima da corda (corda alta).

BOLSINHAS (de areia ou arroz)

1. Caminhar, mantendo a bolsinha sobre a cabeça.

2. Correr, mantendo a bolsinha sobre o dorso da mão.

3. Saltitar, tendo a bolsinha presa entre os tornozelos.

4. Apanhar a bolsinha com os artelhos e arremessá-la para o alto, apanhando-a com a mão (arco do pé).

5. Sentado, pernas estendidas: — elevar as pernas e passar a bolsinha de uma mão para outra.

6. Sentado, pernas estendidas:
   – circundar a bolsinha em volta do corpo, sem fletir os joelhos.

7. Sentado: – executar o movimento de bicicleta com as pernas e passar a bolsinha entre elas, de uma mão para a outra.

8. Sentado, pernas estendidas:
   – executar o "balanço" para trás, trocando a bolsinha de mão, por baixo dos quadris.

9. Decúbito dorsal, pernas flexionadas, bolsinha numa das mãos: – elevar os quadris e passar a bolsinha para a outra mão, por baixo.

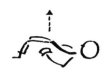

10. De cócoras, mãos apoiadas no chão, bolsinha presa entre os tornozelos: – elevar os quadris lançando a bolsinha para a frente, por cima da cabeça.

11. De pé, grande afastamento lateral: — flexão alternada das pernas, passando a bolsinha de uma mão para a outra descrevendo um grande "oito" por entre elas.

12. Lançar a bolsinha com as duas mãos acima e à frente, estirando bem o corpo e correr para apanhá-la antes que caia.

13. Dois a dois enfrentados: — lançar a bolsinha com as duas mãos, estendendo os braços.

14. Idem, com os braços estendidos acima da cabeça.

15. Executar o exercício anterior, porém, ao apanhar a bolsinha, dar giro de meia volta e devolvê-la ao colega, lançando-a com flexão do tronco por entre as pernas.

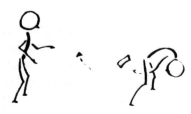

16. Dois a dois enfrentados e distanciados, decúbito ventral: – elevar o tronco e lançar a bolsinha ao colega.

17. Dois a dois, correndo livremente: – um procura queimar o outro, acertando-o com a bolsinha.

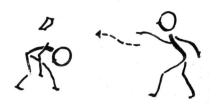

18. Dois a dois distanciados e no mesmo sentido: – um arremessa a bolsinha por cima da cabeça com estiramento do corpo e o outro ao apanhá-la dá giro de meia volta para executar o mesmo.

19. Dois a dois, enfrentados e distanciados: – arremessar a bolsinha para o colega passando-a por baixo da perna estendida e elevada.

20. Dois a dois enfrentados e distanciados mantendo a bolsinha entre as mãos, atrás das costas: – flexionar o tronco, lançando a bolsinha, por sobre a cabeça, para o colega.

PNEUS (pequenos e médios):

1. Rolar os pneus livremente.

2. Rolar o pneu fortemente e correr procurando ganhar-lhe a corrida.

3. Rolar o pneu e correr procurando circundá-lo, o maior número de vezes possível.

4. Rolar o pneu e saltá-lo em "tesoura".

5. Correr, segurando o pneu no alto da cabeça com os braços estendidos.

6. Pneus em colunas: – correr em ziguezague por entre eles.

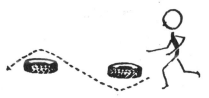

7. Pneus em colunas: – saltitar com os pés juntos para dentro e para fora, em progressão.

8. Pneus espalhados pelo espaço: – correr e saltar todos os pneus que encontrar.

9. Caminhar sobre o próprio pneu.

10. Rebotar sobre o pneu.

11. Dois a dois enfrentados e distanciados: – lançar o pneu ao colega.

12. Dois a dois, um deitado dentro do pneu: – outro rola o pneu pelo espaço.

13. Fazer variados obstáculos com os pneus: – os alunos deverão saltá-los em diferentes formas: a) em colunas: saltitar para dentro do primeiro com os pés juntos e rebotar sobre ele; saltitar para dentro do seguinte e rebotar sobre ele e assim sucessivamente; b) um pneu seguido de três outros superpostos: – picar dentro do primeiro com os pés juntos e saltar em altura por sobre os demais; c) pneus em "escada": – correr e saltá-los em distância.

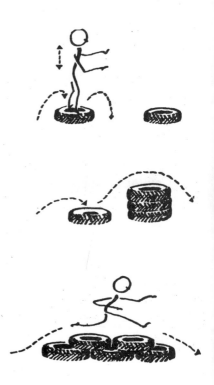

MEDICINEBOL (de 1 a 4 kg, de acordo com a possibilidade da classe).

1. Correr livremente pelo espaço, empurrando o medicinebol com as mãos; com os pés; com a cabeça, gateando e com os quadris em posição do "caranguejo".
2. Rolar fortemente o m.b. e correr a sua frente fazendo uma ponte, dorsal ou ventral, para que ele passe por baixo.

3. Correr, segurando o m.b. no alto da cabeça, braços estendidos.

4. Saltitar por sobre o m.b. de um lado para outro.

5. Correr e saltitar todos os m.b. encontrados pelo caminho.

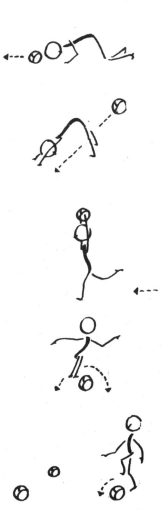

6. Apoio de frente, mãos sobre o m.b.: – executar um círculo, deslocando-se com os pés.

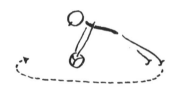

7. Apoio de frente, com os pés sobre o m.b.: – executar um círculo, deslocando-se com as mãos.

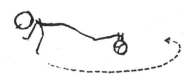

8. Apoiar as mãos no solo e executar o salto do "coelhinho" sobre o m.b.

9. Equilíbrio sobre o m.b. com um só pé, executando o "aviãozinho" ou estátua.

10. Em pé, grande afastamento lateral: – flexão alternada das pernas, lançando ou rolando o m.b. por entre elas, de uma mão para outra, descrevendo o "oito".,

11. Sentado, pernas estendidas, mantendo o m.b. sobre os tornozelos: – balanço para trás, elevando as pernas e apanhando o m.b. sobre o rosto.

12. Sentado, pernas estendidas: rolar o m.b. em volta do corpo, sem fletir as pernas.

13. Decúbito dorsal, braços ao longo da cabeça, segurando o m.b. com as duas mãos: – sentar-se, flexionar o tronco e colocar o m.b. à frente dos pés, deitando-se novamente.

14. Decúbito dorsal, pernas flexionadas: – elevar os quadris e rolar o m.b. por baixo, passando-o para a outra mão.

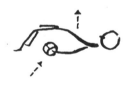

15. Sentado, pernas afastadas: – lançar o m.b. para o alto, estendendo bem o tronco.

16. Decúbito ventral: – elevar o tronco e rolar o m.b. por baixo dele, de um lado para o outro.

17. A e B distanciados e enfrentados: – lançar o m.b. (passe de peito).

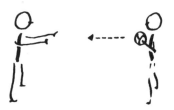

18. Idem, com passe alto.

19. Idem, com passe de ombro.

20. A e B enfrentados e distanciados – lançar o m.b. "passe de cabeça", apanhar no alto, saltando e girando meia volta, para devolvê-lo com flexão do tronco, por entre as pernas.

21. A e B enfrentados e distanciados, um deles segurando o m.b. com as duas mãos, atrás das costas: lançar para o companheiro por cima da cabeça, flexionando o tronco.

22. A e B enfrentados e distanciados, correndo nos lugares, lançando o m.b. com passes de peito.

23. Executar o exercício anterior, saltitando com os pés juntos.

24. A e B enfrentados, mais distanciados: – um lança o m.b. para o alto, sobre a cabeça e corre, trocando de lugar com o outro, que deverá apanhar o m.b. antes de cair.

25. Dois a dois, um parado servindo o m.b. "passe de peito", para o outro que se movimenta correndo de um lado para outro.

103

26. A e B enfrentados e distanciados; A sentado e B em pé, de posse do m.b.; quando A começa a correr, B lança o m.b. para o alto, sobre a cabeça e corre para o lugar dele (A deverá apanhar o m.b. antes de cair).

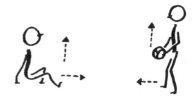

27. Executar o exercício anterior partindo A da posição de "decúbito ventral".

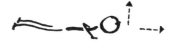

28. Idem, partindo da posição "ajoelhado".

CLAVAS OU MAÇAS

1. Maças espalhadas pelo espaço: – correr, saltitando por sobre elas, de forma livre.

2. Idem, saltitando com "galope alto" (movimento de bicicleta com as pernas).

3. Saltitar a própria maça em forma de "tesoura".

4. Saltitar a maça com os pés unidos, de trás para a frente.

5. Idem, de um lado para o outro.

6. Maças colocadas em colunas, com intervalos iguais entre elas: – passar correndo em ziguezague.

7. Descrever círculos de esquerda e de direita em volta da maça.

8. Posição de "gatas", sentado nos calcanhares, tendo a maça colocada a sua frente: – flexionar os braços, deslizar o tronco bem junto ao chão, correr o nariz na maça, de baixo para cima, cheirando-a e o olhar por cima dela; voltar à posição inicial de forma inversa.

9. Executar o exercício anterior, porém, olhando de um lado e outro atrás do pé da maça.

10. Apoiar as mãos no chão e executar o salto do "coelhinho" por sobre a maça.

11. Decúbito ventral, maça em uma das mãos: – elevar o tronco e rolar a maça sob ele, de um lado para o outro.

12. Decúbito ventral, braços estendidos à frente, segurando a maça, horizontalmente, com as duas mãos: – elevar o tronco, colocando a maça sobre a região dorsal.

13. Posição anterior, segurando a maça com uma das mãos: – elevar o tronco, trocando a maça de mão sobre as costas e voltar à frente.

14. Sentado, pernas estendidas, segurando a maça pelas extremidades: – passar uma e outra perna sobre a maça.

15. Sentado, pernas estendidas, maça ao lado do joelho: – passar uma e outra perna sobre a maça.

16. Idem, passando as pernas em forma de "tesoura".

17. Sentado, pernas estendidas, maça verticalmente ao lado do joelho: – flexionar as pernas e passá-las para outro lado.

18. Sentado, pernas estendidas, segurando a maça com uma das mãos: – executar o "balancinho" para trás, elevando os quadris (vela) e passar a maça para a outra mão, bem junto às costas, voltando à posição inicial.

19. Decúbito dorsal, pernas flexionadas: – elevar os quadris e passar a maça por baixo, de uma mão para a outra.

20. Decúbito dorsal, braços ao longo da cabeça segurando a maça pelas extremidades: – sentar-se e alongar o tronco à frente, colocando a maça nas solas dos pés; voltar à posição inicial, rolando vértebra por vértebra sobre o solo.

21. Sentado, pernas estendidas, tendo a maça sobre os tornozelos: – executar o "balancinho" para trás, apanhando a maça à frente do rosto.

22. Posição de "gatas", maça colocada sobre as costas, mantendo a coluna estendida: – caminhar, sem derrubar a maça.

23. Ajoelhado, maça numa das mãos, segurando-a pela cabeça: – flexionar o tronco, deslizando a maça no chão, descrevendo um semicírculo, trocando-a de mão.

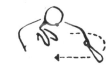

Observação: – a maça, pelo sentido de peso, é o melhor aparelho para a educação do "balanceio"

24. Em pé, pernas afastadas, peso de corpo sobre a perna direita, empunhando a maça pela cabeça, com a mão direita: – com transferência do peso do corpo, executar o balanceio frontal (deixar que o peso da maça leve ao movimento).

25. Posição anterior: – executar três balanceios no sentido frontal, seguindo-se de três galopes laterais com circundações dos braços, de dentro para fora, no sentido vertical. Reiniciar o movimento deslocando-se para o mesmo lado. Trocar de mão.

26. Posição anterior: – executar três balanceios frontais, trocando a maça de mão na terceira vez, apanhando-a com a palma voltada para baixo.

27. Posição anterior: – executar três balanceios no sentido horizontal, seguindo-se giro de volta inteira, com deslocamento lateral, trocando a maça de mão.

TRABALHOS EM GRUPOS
PARES

1. "Cavalinho": – transporte.

2. "Cavalinho": – girar ao redor do colega.

3. Empurrar pelas espáduas.

4. De frente, empurrar pelos ombros.

5. Tracionar com uma ou duas mãos.

6. Mãos nos joelhos: – empurrar pelos quadris.

7. Carrinho de mão: – segurando o colega à altura das coxas.

8. Carrinho de mão: – avançar com rebotes de mãos.

9. Carrinho de mão, enganchando as pernas nas costas do colega: – elevar o tronco fazendo a "pomba".

10. Carrinho de mão: – o que sustenta gira o colega.

11. Saltar o companheiro que está na posição de "gatas" e passar por baixo para voltar.

12. Saltar a cela.

13. Corrupio.

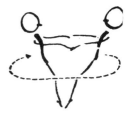

14. De costas, braços entrelaçados, sentados com pernas flexionadas: – levantar e sentar-se.

15. Sentados, de costas, pernas afastadas, segurando-se pelos pulsos acima da cabeça: flexão e extensão do tronco, ora, um, ora outro.

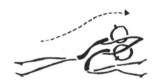

16. "Remar": – sentados, pernas separadas, pés tocando-se, mãos dadas: – flexão e extensão do tronco.

17. De "gatas", frente à frente, cabeça sobre o ombro do colega: – empurram-se mutuamente.

18. Apoio de frente, 2 a 2: – golpear a mão do companheiro, para derrubá-lo.

19. Um em posição de "gatas", o outro ajoelhado sobre ele: – avançar lentamente.

20. Um sentado, o outro em pé:
    – o primeiro afasta e une as pernas enquanto o 2º saltita para dentro e para fora.

21. "Moinho": – um em pé, o outro coloca as mãos ao redor do pescoço do colega que o levanta pelo peito, fazendo-o girar.

22. Um em decúbito dorsal, pernas verticalmente; o outro em pé em afastamento lateral, cavalgando o 1º: – empurrar as pernas do companheiro que oferece resistência.

23. Um sentado com pernas afastadas, braços acima estendidos; o 2º apóia-se nas mãos do 1º e executa saltos por sobre a cabeça do mesmo.

24. Um sentado, pernas flexionadas, o outro atrás em pé, segurando o 1º pelos pulsos, ajuda-o a erguer-se com estiramento à frente.

25. Um sentado, pernas flexionadas, braços para cima; o outro em pé, atrás, apoiando com a perna as costas do colega e segurando-o pelos braços: – puxar para cima e para trás, obrigando-o a um alongamento da colúna.

TERCETOS

26. Transportar o "pote".

27. Cadeirinha – : – transportar.

28. Carrinho de dois e rolamentos à frente.

29. "Boneco de mola".

30. 2 a 2 de frente, braços estendidos, mãos dadas: – o 3º salta em decúbito ventral, sendo apoiado pelos companheiros: – girar.

31. Rodinha de 3, mãos dadas: – procurar pisar os pés dos colegas, sem deixar que pisem o seu.

32. Dois (auxiliares) suportam o 3º pelas mãos e sob as axilas – o do centro executa dois saltitos e se eleva, apoiado pelos colegas.

33. Balancear o 3º segurando-o pelas mãos e pelos tornozelos.

34. Dois (auxiliares) suportam o 3º pelas mãos e à altura dos braços: – correr dois passos à frente e elevar o 3º que executa salto "tesoura".

35. Um em "vertical", sustentado por dois outros, faz flexão e extensão dos braços.

36. Um em posição de "gatas"; o 2º sentado sobre ele; o 3º executa "vertical" sobre os pés do 2º que também o agarra.

QUARTETOS

37. Saltar por sobre a cabeça do colega que está sentado, pernas afastadas, sendo auxiliado por dois outros.

38. "Vertical" e "rolo": – dois (auxiliares) apóiam um terceiro que executa "vertical" e rolamento à frente e o 4º o ajuda elevar-se.

39. "Bote": sentados, pernas estendidas em cruz, mãos dadas: – flexão e extensão, 2 a 2, alternadamente.

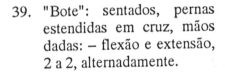

40. Dois (auxiliares) seguram o executante pelos braços e o 3º o impulsiona pelos pés, fazendo dar uma volta atrás.

GRUPOS

41. "Boneco de mola" em círculo.

42. "Biga romana" – transporte.

43. "Passeio aéreo" – em coluna.

44. Transporte do "pote" – em fileiras.

13. TRABALHOS COM APARELHOS

BANCO SUECO

TRANSVERSAL

1. Subir e saltar com pés juntos.

2. Idem, em corrida.

3. Correr, subir com um pé e cair com os dois.

4. Idem com meia volta no ar, cair de cócoras, mãos sobre o banco.

5. Correr e saltar o banco diretamente.

6. "Janelinha", passar lateralmente sobre o banco, com apoio de mão e pé contrários.

7. "Salto do coelhinho", apoiando as mãos sobre o banco, elevando os quadris.

8. "Potrinho" sobre o banco: — com apoio das mãos, elevação dos quadris e de uma perna e outra, flexionadas.

9. Idem, elevando as pernas estendidas, alternadamente, "tesoura".

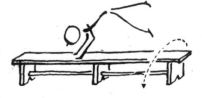

10. Executar "meia lua", apoiando as mãos sobre o banco.

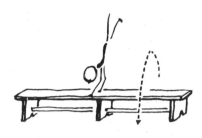

11. Passar por entre os vãos do banco.

12. Correr, saltar o 1º banco, passar pelos vãos do 2º e saltar novamente o 3º banco.

LONGITUDINAL

1. Passar sobre o banco caminhando de frente, de costas e lateralmente.

2. Passar saltitando com pés juntos.

3. Idem, com um só pé.

4. "Galope" de frente.

5. "Salto do coelhinho" de um lado e outro, em progressão.

6. Em pé sobre o banco, saltar para baixo com pernas separadas, saltar para cima juntando os pés.

7. Idem, mas ao subir, executar giro de meia volta.

8. Decúbito ventral sobre o banco: – com tração dos braços, deslizar sobre ele.

9. De "quatro" sobre o banco, progredir com o peso do corpo sobre as mãos.

10. Idem, porém, mãos no solo, pés sobre o banco – progredir.

11. Apoio de frente, mãos no solo, pés sobre o banco – progredir lateralmente.

12. Banco ao revés: – caminhar em equilíbrio sobre a trave.

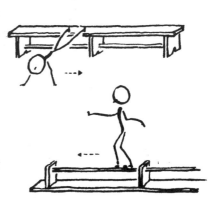

13. Idem, correndo.

14. Caminhar de costas sobre a trave.

15. Subir sobre a trave, agarrando-a com os artelhos elevar-se nas pontas dos pés e saltar para o chão, caindo com semiflexão das pernas.

16. Ajoelhado, tronco paralelamente ao solo, braços estendidos, mãos apoiadas sobre o banco: forçar seguidamente o tronco para baixo.

17. Decúbito dorsal, braços estendidos, mãos apoiadas sobre o banco: – elevar o tronco procurando sentar-se.

18. Decúbito dorsal, braços ao longo da cabeça, pés apoiados sobre o banco: – flexão do tronco procurando sentar-se, tocando as mãos nos pés.

19. A sentado sobre o banco, pernas estendidas, B segurando-lhe os pés: – o 1º executa extensão do tronco o mais atrás possível, procurando tocar o solo com as mãos.

20. "Carrinho de mão" sobre o banco.

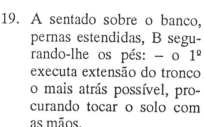

21. Alunos sentados, pernas afastadas, braços estendidos para cima, sustentando o banco sobre a cabeça: – flexionar e estender o tronco.

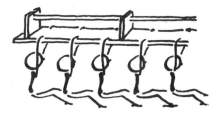

COLCHONETES OU COLCHÕES

1. Saltar a colchonete em largura e comprimento.

2. COLCHONETES ligadas:
   – saltá-las com os pés juntos, com a menor quantidade de passos possível.

3. Idem, com um só pé.

4. Rolar lateralmente.

5. Em pé, mãos entrelaçadas sobre a nuca: – flexionar as pernas e executar rolamento à frente.

6. Em pé, pernas separadas: – rolamento à frente (procurar ver o rosto do colega).

7. De cócoras: – rolamento à frente.

8. Correr, picar com os pés juntos dentro do arco e executar rolamento sobre a colchonete.

9. A e B transportando C, "carrinho de mão", finalizando com rolamento à frente sobre o colchão.

10. Rolamento à frente, mantendo uma bola presa entre os tornozelos.

11. Correr, picar com os pés juntos, rolamento à frente, elevando-se com o "salto do anjo".

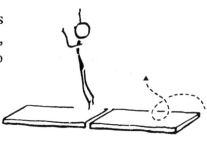

12. Rolamento à frente e "salto do coelhinho" sobre a corda.

13. Saltar a corda, caindo na posição de cócoras e rolamento à frente.

14. Rolamento à frente e "salto do coelhinho" sobre o dorso do colega que está em posição de banco.

15. Rolamento à frente, passando por sobre um colega deitado.

16. Em pé, de costas para o colchão: – executar dois saltitos com pés juntos, balanço atrás sobre a colchonete e rebote, voltando à posição de partida.

17. De cócoras sobre a extremidade do colchão, cambalhota atrás com o auxílio de dois ajudantes que levantam as extremidades do colchão.

18. Idem, individualmente (sem auxílio).

19. Em pé, dois saltitos, seguindo-se rolamento atrás.

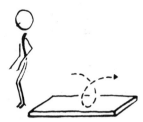

20. Rolamento à frente e rolamento atrás.

CAIXÕES OU PLINTOS

Tampas individuais, transversais

1. Passar correndo, pisando sobre as tampas.

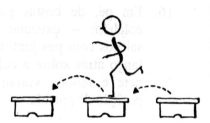

2. Saltá-las diretamente.

3. Saltá-las com pés juntos, subindo e descendo.

4. Saltá-las com o "salto do coelhinho" (apoiar as mãos sobre a tampa, elevando bem os quadris, pernas flexionadas).

5. Saltar de uma tampa a outra, com o salto do "coelhinho".

Uma tampa e um corpo, transversalmente.

1. Correr, pisar o plinto com um pé e saltar.

2. Correr, pisar o plinto com os dois pés e saltar.

3. Correr, pisar o plinto com os dois pés e executar o salto do "anjo".

4. Igual ao 3, executando giro de meia volta.

5. Saltar o plinto diretamente.

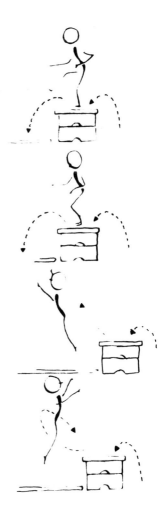

6. Saltar de "cócoras" sobre o plinto com apoio das mãos; elevar-se e executar o salto do "anjo".

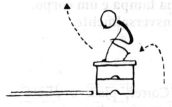

7. Salto do "coelhinho" com apoio dos pés.

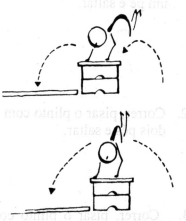

8. Igual ao 7, diretamente.

9. Ajoelhado sobre o plinto, apoiar as mãos no colchão e executar "cambalhota".

10. Vários plintos, colocados seguidamente, uma tampa e um corpo: – saltar de um para outro, com um passo intermediário.

11. Saltar diretamente de um plinto para outro (uma tampa e um corpo).

12. Correr, picar com um pé e cair com o mesmo sobre o plinto.

Uma tampa e um corpo, longitudinalmente.

1. Passar correndo sobre o plinto.

2. Correr, picar com um pé, pisar e saltar.

3. Correr, picar com os pés juntos, subir e saltar.

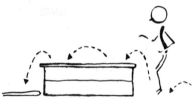

4. Saltar sobre o plinto caindo de cócoras com apoio das mãos; salto do "coelhinho", avançando, e salto do "anjo".

5. Saltar sobre o plinto caindo de joelhos, avançar e "cambalhota" sobre o chão.

6. Saltar sobre o plinto de "cócoras", com apoio das mãos e "cambalhota" sobre o colchão.

Uma tampa e dois corpos, transversalmente

1. Passar em forma livre

2. Saltar em decúbito ventral, apoiar nas mãos sobre o colchão e executar "cambalhota".

3. Saltar, ajoelhando-se sobre o plinto, apoiar um dos pés, elevando-se e saltar.

4. Saltar sobre o plinto de joelhos e com auxílio de um ajudante, saltar sobre o colchão.

5. Correr e executar o salto do "coelhinho", com apoio dos pés sobre o plinto (buscar elevação dos quadris).

6. Executar o exercício 5, diretamente.

7. Correr, apoiar as mãos numa das extremidades do plinto e executar o salto do "potrinho".

8. Passagem lateral sobre o plinto: – "janelinha", com apoio de mão e pé contrários.

9. Executar o salto "tesoura" sobre o plinto, apoiando as mãos numa das extremidades.

10. Correr, apoiar as mãos sobre o plinto e executar a passagem das pernas por dentro dos braços "rango", com auxílio de dois companheiros.

11. Saltar sobre o plinto na posição de decúbito ventral, apoiar as mãos sobre o colchão, passando a "vertical" e executar "cambalhota".

Uma tampa e dois corpos, longitudinalmente

1. Passar o plinto em forma livre

2. Saltar, ajoelhando-se sobre o plinto; elevar-se e executar o salto do "anjo".

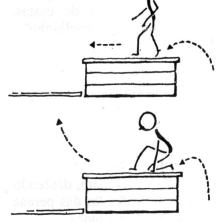

3. Saltar em decúbito ventral e descer em cambalhota à frente, sobre o colchão.

4. Saltar sobre o plinto na posição de cócoras, caminhar e executar o salto do "anjo".

5. Saltar de cócoras sobre o plinto, executar o salto do "sapo" para a outra extremidade, elevar-se e sair com o salto do "anjo".

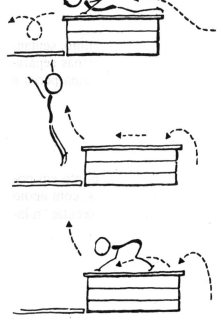

6. Saltar de cócoras sobre o plinto, salto do "sapo" à frente e descer de costas, com o "salto do coelhinho".

7. Igual ao 6, porém, descendo com a passagem das pernas por dentro "rango".

8. Saltar sobre o plinto, sentando-se com as pernas separadas: – levantar uma perna e descer de lado.

9. Saltar sobre o plinto em posição de cócoras, com apoio das mãos e executar rolamento à frente.

Escadas formadas com plintos de diferentes alturas

1. Passar livremente.

2. Correr, picar com um pé sobre a tampa caindo sobre o segundo com os pés juntos e passar o mais alto com o "salto do coelhinho".

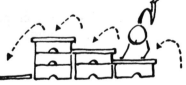

3. Correr e passar os três plintos com o salto do "coelhinho", com apoio dos pés sobre as tampas.

4. Passar correndo uma "escada" formada por vários plintos e saltar do último em forma livre.

5. Igual ao 4, saltando com pernas separadas.

6. Igual ao 4, saltando com pernas grupadas.

7. Igual ao 4, saltando com pernas elevadas e estendidas.

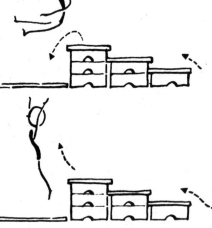

8. Igual ao 4, executando o salto do "anjo" para descer.

9. Igual ao 8, terminando com cambalhota sobre o colchão.

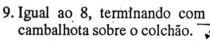
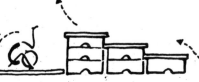

14. ATLETISMO (forma lúdica)

Corrida

1 – Dois alunos de mãos dadas procuram tocar os outros que correm livremente. Quando um deles tocar um jogador qualquer, será por ele substituído, devendo o jogo continuar.

2 – "Coelhos e caçadores": – um grupo de caçadores trata de matar todos os coelhos, tocando-os; os coelhos que forem tocados deverão sentar-se. Marca-se o tempo que levam os caçadores para executar a tarefa. Invertem-se os papéis e verifica-se qual o grupo que gastou o menor tempo para cumprir o objetivo.

3 – A e B colocados um atrás do outro com uma distância de aproximadamente dois metros. Ao sinal do professor correm a toda velocidade e o de trás deverá tocar o da frente. Se o jogador for tocado trocará de lugar com o outro.

4 – "Dia e noite": – dois partidos colocados em colunas paralelas, eqüidistantes dos respectivos piques. O professor chamará um deles "dia", por exemplo, e todos os jogadores deverão correr para o seu pique, sendo perseguidos pelos demais. Computar-se-ão tantos pontos para "noite" quantos jogadores forem aprisionados.

5 – "Corrida contrária": – os jogadores estão dispostos em círculo frontal e, um deles, correndo em volta do círculo, tocará um companheiro qualquer. Esse correrá em sentido contrário, disputando ambos a posse do lugar.

6 – "Nunca três": – os jogadores aos pares, mãos adjacentes dadas, correm livremente. O pegador parte ao encalço do fugitivo, que, para salvar-se, dará a mão a outro jogador qualquer da dupla, devendo o outro ser o novo fugitivo.

7 – "Corrida rotativa" (estrela): – os jogadores estão dispostos em quatro colunas, formando os raios da estrela, recebendo cada um o nome de uma cor. As colunas com as cores mencionadas correrão em volta da estrela e ganhará aquela que se sentar primeiro.

8 – A e B enfrentados, mãos sobre os ombros do companheiro, em afastamento para frente: – empurrar-se elevando os joelhos alternadamente.

9 – A e B colocados um atrás do outro; o da frente com os braços para trás, segurando as mãos do outro que está de cócoras. O da frente avança e o de trás lhe faz resistência.

10 – A e B colocados um atrás do outro; o de trás em afastamento, segurando o outro, pela cintura, que deverá correr movimentando os braços e pernas.

11 – Dois ou mais partidos colocados em colunas, na posição de cócoras e numerados seguidamente. O professor chamará um número e os jogadores que tiverem esse número deverão correr até um obstáculo ou linha determinada, voltando ao seu lugar. Marcará um ponto para o seu partido o jogador que primeiro tomar a posição de cócoras (saída baixa).

12 – Jogadores dispostos em colunas, formando vários partidos; os testas das colunas em decúbito ventral. Ao sinal do professor correm até a linha determinada e voltam correndo para o final da coluna respectiva. O seguinte, que está preparado na mesma posição, deverá partir quando o primeiro passar por ele e assim por diante (saída baixa).

13 – Igual ao número 12, porém, os jogadores se preparam em posição de "gatas" ou de banco (saída baixa).

14 – Jogadores dispostos em colunas e os testas de cada uma em "posição de partida". Por trás deles se estende uma corda que, ao tocá-los nos quadris, lhes dará o sinal de saída (saída baixa).

15 – Igual ao número 14, porém, a corda deverá estar colocada à frente dos alunos e ao ser levantada lhes dará o sinal de partida (saída baixa).

Corrida De Revezamento

1 – "Estafeta: – alunos dispostos em colunas que se defrontam, formando vários partidos. Cada testa de coluna de posse de um bastão. Ao sinal partem correndo, entregando o bastão ao com-

panheiro da frente, colocando-se no final da fila e assim seguidamente.

2 – "Passagem do bastão" – alunos dispostos em colunas; o último de cada uma de posse de um bastão. Ao sinal, todos trotando, o último passa o bastão para o da frente, indo colocar-se no início da fila e assim sucessivamente.

3 – "Leva e trás": – alunos dispostos em colunas, tendo cada testa quatro ou três bolas de borracha nas mãos. Ao sinal, partem correndo, contornam os obstáculos determinados e voltam para entregar as bolas aos colegas seguintes, colocando-se no final das respectivas filas.

4 – "Estafeta em círculo": – jogadores dispostos em círculo de esquerda, formando quatro partidos; o último de cada equipe de posse de um bastão. Ao sinal, partem correndo em sentido do círculo, pelo lado de fora, entregando o bastão ao seguinte, que já deverá estar com a mão direita para trás. Cada jogador deverá executar uma volta completa em redor do círculo.

5 – "Estafeta em quadrado": – Quatro colunas, formando equipes, uma em cada canto do quadrado. O primeiro de cada uma de posse de um bastão. Ao sinal, partem correndo em volta do quadrado e ao se aproximarem da sua equipe, o seguinte já deverá iniciar a corrida, tendo a mão para trás para receber o bastão. Os que entregaram os bastões vão para trás das respectivas filas.

6 – "Gato e rato", com bastão: – jogadores correndo à vontade pelo campo; o fugitivo de posse de um bastão. Ao sinal, o perseguidor parte ao encalço do fugitivo que, para salvar-se, deverá passar o bastão a outro jogador qualquer. Este será o novo fugitivo. Se o fugitivo for tocado antes de passar o bastão, trocará de lugar com o perseguidor.

Corrida Com Barreiras

1 – Saltar obstáculos variados em forma livre.

2 – Alunos dispostos em colunas. À frente de cada uma colocam-se vários obstáculos variados, distanciados entre si cerca de três

passos. Ao sinal, partem saltando todos os obstáculos e voltam correndo, por fora, a fim de tocarem os jogadores seguintes que irão proceder igualmente e assim sucessivamente.

3 – Colchões dispostos longitudinalmente, em coluna, com intervalos iguais entre si. Os alunos devem dar dois passos sobre os colchões e saltar os intervalos entre eles.

4 – Colchões dispostos transversalmente com intervalos iguais entre si. Os alunos devem saltar os colchões e dar três passos nos intervalos.

5 – Bancos suecos colocados transversalmente, em coluna, com distâncias iguais entre si de três passos. Os alunos devem saltar os bancos e dar três passos nos intervalos.

6 – Igual ao número 5, colocando-se dois medicinebols sobre o banco, distanciados e sobre eles um bastão (finalidade: aumentar a altura).

7 – Igual ao número 6, colocando-se uma corda à altura da cabeça dos alunos, sobre o obstáculo, obrigando-os a executar a passagem com o tronco flexionado.

8 – Alunos dispostos em colunas; frente a cada uma, a uma distância de três metros, os testas tomam a posição de "sela". Os primeiros alunos devem saltar a sela respectiva e se colocar a três metros de distância na mesma posição, sendo seguidos pelos demais.

9 – Bancos suecos colocados transversalmente, com intervalos iguais entre si. Os alunos saltam os bancos, atacando-os com a perna direita estendida e a esquerda flexionada.

10 – Igual ao nº 9, colocando-se uma corda estendida à altura da cabeça dos alunos, obrigando-os a executar a passagem com o tronco flexionado.

Salto em Distância

1 – Atravessar uma distância determinada com o menor número possível de "passadas largas".

2 – Idem, saltitando com um pé.

3 – Idem, saltitando com os pés juntos.

4 – Duplas, B atrás de A, apoiando-lhe nos ombros. O da frente corre e o de trás o segue, saltando com os pés juntos.

5 – Duplas, B atrás de A, segurando-lhe um dos pés. O da frente progride saltitando em um só pé e o de trás o segue correndo.

6 – Vários grupos de quatro alunos cada um. Atravessar uma distância determinada com o menor número de saltos. O segundo parte do local onde terminou o primeiro e assim sucessivamente. (Cada aluno dará apenas um salto)

7 – Duplas, sobre uma linha de partida: – o primeiro salta, de pés juntos, dessa linha para a frente e o outro, do lugar onde o companheiro caiu para a linha de partida. Se conseguir ultrapassá-la, vence.

8 – Corda móvel: – avançar correndo e saltá-la.

9 – Corda transversal, a certa altura (de acordo com a possibilidade dos alunos): – correr e saltá-la de frente.

10 – Igual ao 9, executando giro de meia volta no ar, para retroceder.

11 – Duas cordas paralelas: – saltar em distância, sobre os colchões.

12 – Idem, caindo de cócoras.

13 – Colchões, dispostos longitudinalmente, com intervalos iguais entre si: – saltar de um colchão para o outro, com os pés juntos.

14 – Colchões, dispostos transversalmente, com intervalos iguais entre si: – correr e saltá-los em largura.

15 – Igual ao 14, colocando-se uma corda à frente de cada colchão, a uma altura de 30 ou 40 cm (obrigando a elevação antes da extensão.

16 – Uma tampa de plinto, transversalmente e um colchão à frente, no sentido longitudinal; sobre o colchão estende-se uma corda à altura de 40 cm. Correr, pisar a tampa e saltar sobre a corda, procurando atingir a maior distância possível.

17 – Plintos colocados transversalmente, com alturas diferentes, formando "escada" e com espaços entre eles: – correr, pisando com um pé em cada plinto, saltando do último.

18 – Igual ao 17, porém, colocando-se uma corda estendida longitudinalmente após o último plinto, a quel deverá ser ultrapassada no salto.

Salto em Altura

1 – Executar o salto "tesoura" sobre uma clava.
2 – Duplas em posição de "sela". Um sela e outro, apoiando uma das mãos em suas costas, executa o salto "tesoura" sobre ele.
3 – Corda longitudinalmente, à altura dos joelhos: – saltitar com os pés juntos de um lado e outro.
4 – Idem, com um pé de cada lado.
5 – Idem, com salto "tesoura" de um lado e outro.
6 – Idem, dando impulso num pé e caindo sobre o mesmo.
7 – Idem, dando impulso num pé e caindo sobre o outro.
8 – Igual ao 7, fazendo giro de meia volta com o corpo.
9 – Corda transversal: – correr e saltá-la de frente.
10 – Várias cordas, transversalmente, a 40 cm de altura, com intervalos iguais entre si: – correr e saltá-las de frente.
11 – Corda alta: – correr, saltar e tocá-la com a cabeça.
12 – Idem, batendo palmas acima da cabeça.
13 – Plinto em sentido diagonal: – saltá-lo em forma de "tesoura".

15. ESQUEMATIZAÇÃO DO "EU CORPORAL"

(Exercícios globais)

1 – decúbito lateral, pernas flexionadas: – deitar-se de costas.
2 – decúbito lateral, pernas flexionadas: – deitar-se de frente.
3 – decúbito dorsal, pernas estendidas: – passar a dec. ventral e voltar à p.p.
4 – decúbito dorsal, pernas estendidas: – passar a decúbito lateral.
5 – sentado, pernas flexionadas e cruzadas: – deitar-se em decúbito dorsal e voltar à p.p.

6 – ajoelhado, cabeça sobre os joelhos, mãos ao lado dos joelhos: – deslizar as pernas para trás, chegando à posição de decúbito ventral.

7 – idem posição anterior: – passar à posição de decúbito ventral, deslizando as mãos para frente.

8 – decúbito ventral, mãos juntos às axilas: 9 – elevar o tronco empurrando com os braços.

9 – ajoelhado, mãos e cabeça sobre o chão: – levantar a cabeça e passar à posição ajoelhado, tronco ereto.

10 – sentado, pernas flexionadas: – "Balancinho", para trás e para frente.

Exercícios Segmentários

11 – decúbito dorsal: – elevar um braço, abaixar, elevar o outro e abaixar; elevar uma perna e abaixar; elevar a outra e abaixar (logo mais se determina elevar a esquerda e abaixar, elevar a direita e abaixar).

12 – decúbito dorsal: – elevar a perna e o braço do mesmo lado, abaixar; elevar os segmentos do outro lado e abaixar.

13 – decúbito dorsal, braços junto ao corpo: – elevar os braços estendidos ao longo da cabeça; voltar à p.p.

14 – decúbito dorsal: – elevar os segmentos, alternadamente e abaixar.

Consciência do Corpo

1 – sentado, pernas estendidas ou flexionadas: – atuar com as mãos (marionetes) idem com os pés.

2 – sentado, pernas flexionadas e cruzadas: – olhar as mãos, fechá-las e abrí-las.

3 – passar de decúbito dorsal ao ventral, suavemente, sem fazer ruído e voltar à p.p.

4 – decúbito dorsal: – tomar consciência de que o corpo está tranqüilo, as mãos não se movem, os pés estão quietos, os olhos pesados.

5 – decúbito dorsal, braços junto ao corpo: – levar os braços para trás ao longo da cabeça e flexionar as pernas sobre o peito. Voltar à p.p.

6 – decúbito dorsal, braços à vertical: – ao comando, levar os braços para o lado determinado pelo professor ((janela, porta, teto etc.).

7 – decúbito dorsal, braços junto ao corpo: – levar os braços ao longo da cabeça e pernas à vertical, separar as pernas e voltar à p.p.

Consciência das Sensações Elementares

(independência segmentária)

8 – sentado, pernas flexionadas e cruzadas: – deitar-se em decúbito dorsal, sem fazer ruído.

9 – sentado, pernas semi-flexionadas, mãos sobre os joelhos: – apertar as mãos fechando-as e relaxá-las em seguida.

10 – sentado, pernas estendidas: – apertar os pés um contra o outro e relaxá-los.

11 – sentado, pernas cruzadas: – fazer "careta" e verificar que é feio. Sorrir e verificar que é bonito e agradável.

12 – decúbito dorsal: – passar a decúbito lateral e manter-se um momento; deixar-se cair sobre o ventre e voltar à p.p.

13 – decúbito dorsal, olhos fechados: – (interiorização de sensações) apertar e relaxar as mãos, os pés, a boca e os olhos.

14 – decúbito dorsal, braços à vertical: – levar os braços para trás (ao longo da cabeça), levá-los à esquerda, à direita e junto ao corpo.

15 – decúbito dorsal, braços à vertical: – golpear com as mãos atrás da cabeça, dos lados, à frente do rosto.

16 – decúbito dorsal, braços junto ao corpo: – lançar o braço direito para trás e ao longo da cabeça: – lançar o braço esquerdo e voltar ambos lentamente à p.p.

17 – dec. dorsal, pernas flexionadas: – lançar alternadamente as pernas para cima e voltá-las lentamente ao chão.

18 – dec. dorsal, braços junto ao corpo, pernas flexionadas e elevadas: – deixar cair as pernas deslizando os pés no chão.

Jogo Corporal (exploração e conhecimento)

1 – dec. dorsal, braços junto ao corpo, pernas flexionadas, pés apoiados contra a parede: – deslizar-se sobre as costas, empurrando fortemente com os pés.
2 – dec. dorsal, braços junto ao corpo, pernas semi-flexionadas: – deslizar-se sobre as costas, estendendo e flexionando sucessivamente as pernas.
3 – sentado, pernas flexionadas: – deslizar-se com os quadris empurrando com os pés, sem apoiar as mãos no chão.
4 – dec. ventral, mãos junto ao rosto: – deslizar-se para trás sobre o ventre, empurrando com as mãos.
5 – sentado, pernas estendidas, mãos apoiadas no solo: – deslizar-se para trás empurrando com as mãos, sem utilizar as pernas.
6 – de "gatas" caminhar sem ruído.
7 – de "gatas" caminhar largo e curto.
8 – "quadrupedia": – caminhar em todas as direções.
9 – caminhar saltando como "coelhinho" (apoiar as mãos no chão e elevar os quadris, grupando as pernas).
10 – de joelhos, sentado nos calcanhares, mãos ao lado dos joelhos: – sem mover os joelhos, andar com as mãos até chegar à posição de dec. ventral. Voltar à p.p. deslocando, alternadamente, as mãos para trás.
11 – dec. dorsal: – rolar com o corpo totalmente estendido.

Coordenação e Controle dos Deslocamentos

1 – dec. dorsal, pernas flexionadas: – executar o movimento da "bicicleta".
2 – dec. ventral, braços flexionados: – deslizar-se para a frente apoiando sobre os cotovelos e os ante-braços.
3 – apoiando sobre as mãos e os pés: – saltar, sucessivamente com as mãos e com os pés (salto da rã).

4 – A em pé, em afastamento lateral; B ajoelhado e sentado sobre os calcanhares, peito encostado no chão: – deslizar por entre as pernas do colega e voltar à p.p. (o rato que fareja).

5 – na posição do "caranguejo": – deslocar-se em diferentes direções.

6 – A na posição de "gatas"; B passa rastejando sob A; em seguida B salta livremente a ponte formada por A (elevando os quadris, tirando os joelhos do chão).

7 – A e B enfrentados e distanciados: – ambos saltitando e quando o professor chamar uma letra, por exemplo "A", o aluno que tem essa letra, deverá parar com as pernas afastadas enquanto que "B" passará sob o túnel e voltará ao seu lugar. Se o professor chamar "B", será "A" quem executará a movimentação.

16. ORIENTAÇÃO ESPACIAL

O espaço compreende planos e direções. Os planos podem ser altos, baixos e médios; as direções: frente, atrás, lados e diagonais. O homem tem possibilidade de se movimentar em todos os planos, em função das coisas e objetos que o cercam.

Para uma criança da pré-escola o espaço é, em princípio, a sala de aula, pois, há nela uma orientação constante quanto às referências, objetos, etc. Gradativamente, o conhecimento do espaço se estenderá ao pátio, à escola, etc.

As primeiras exercitações não implicam, precisamente, no conhecimento de direita e esquerda, devendo-se utilizar os pontos de referência, por exemplo: lado da porta, lado da janela, etc.

As exercitações devem ser repetidas para que haja incorporação, não é tão importante as variações de exercícios diariamente, pois, são as situações que evoluem. O importante é despertar na criança a percepção auditiva e visual, pois ela aprende ouvindo e vendo.

As exercitações devem ser feitas através do espaço vazio; por entre os objetos; por construções e limites espaciais e por manipulação de objetos no espaço.

Na primeira etapa da organização dinâmica do "eu" devem ser utilizados os deslocamentos por contato: pares ou grupos, em colunas, fileiras, etc.; pois, essa forma de trabalho oferece maior motivação e segurança à criança.

Pré-escola Por contato (espaço vazio)

1 – em fileiras, mãos dadas: – caminhar para a frente, para trás, para o lado das janelas, para o lado da parede.

2 – em colunas, segurando-se pela cintura: caminhar sobre uma linha.

3 – caminhar livremente, ao sinal, procurar um companheiro e dando as mãos caminhar aos pares; novo sinal, separar e caminhar livremente e, assim, sucessivamente.

4 – aos pares, frente a frente, mãos dadas: – uma caminhada de frente e o outro de costas, ao sinal, mudar.

5 – aos pares, mãos dadas, frente a frente: – deslocar lateralmente, ao comando, ora para o lado da janela, ora para o lado do espelho (caminhando ou saltitando).

Por Entre os Objetos

1 – caminhar livremente por entre os objetos diferentes espalhados pelo espaço.

2 – em colunas por quatro, mãos dadas (mão direita com a esquerda) caminhar por entre diferentes obstáculos.

3 – em grupo, caminhar dentro de um espaço demarcado por quatro pontos de referência (gradativamente, vão-se aproximando os pontos de referência, diminuindo o espaço).

4 – alunos colocados em fila, atrás de uma coluna de obstáculos eqüidistantes: – caminhar, em zigue-zague por entre os obstáculos.

5 – mesma posição do exercício anterior: – correr, saltando livremente os obstáculos.

6 – cada aluno colocado em pé diante de um obstáculo (medicinebol, bolsinha de areia, etc.). Correr livremente por entre os obstáculos enquanto o professor estiver palmeando, voltar ao lugar quando ele parar de palmear.

7 – mesma posição anterior: – caminhar de "gatas" por entre os obstáculos e ao sinal do professor (batida de palmas) voltar ao lugar.

8 – vários círculos demarcados no chão, com giz ou com aros: correr livremente saltando as "poças d'agua".

Por Limites Espaciais

1 – cada criança demarcará a sua casa com uma cordinha (círculo), colocando-se dentro dela: – saltitar com os pés juntos para fora e para dentro da casa.

2 – mesma colocação do exercício anterior: – correr livremente e ao sinal saltitar com flexão profunda das pernas (plano baixo) para dentro de uma casa livre. Novo sinal correr livremente e, assim sucessivamente.

3 – Com bastões, cada criança demarcará uma figura (quadrado, triângulo, retângulo, etc.) caminhar, efetuando recorridos paralelos às linhas da figura.

4 – construção de paredes, vias, pontes, etc. utilizando blocos de madeira, bastões, tacos, cubos, etc.

Por Manipulação de Objetos

1 – livremente, rolar a bola com as mãos por todo o espaço.

2 – idem, com a cabeça, com os pés, com os cotovelos, com os joelhos.

3 – rolar a bola e caminhar contornando-a o maior número de vezes.

4 – picar a bola e pegar seguidamente, caminhando em diferentes direções.

5 – picar a bola por entre dois obstáculos que vão se aproximando, gradativamente.

5 – picar a bola fortemente e acompanhar os seus piques, saltitando.

7 – lançar a bolsinha de areia para cima e para frente e apanhá-la antes que caia.

3 – lançar a bolsinha para trás, por cima da cabeça e virar para pegá-la no chão (plano baixo).

) – "Marcha do pato" (de cócoras, mãos nos ombros) equilibrando a bolsinha sobre a cabeça.

Escola Primária Deslocamento no Espaço Vazio

1 – caminhar em diferentes direções, livremente.

2 – caminhar descrevendo um quadrado de frente e remarcá-lo de costas.

3 – caminhar em cruz.

4 – correndo livremente, ao sinal correr aos pares; novo sinal, correr em grupo (uma dupla junta-se à outra); novo sinal, correr em coluna (o grupo se desfaz em coluna); novo sinal, correr livremente e, assim, sucessivamente.

5 – alunos em grupo, frente ao professor: – ao comando, correr para frente, para trás, para a esquerda e para a direita.

6 – mesma disposição anterior: – partindo sempre do mesmo ponto, descrever a "Rosa dos Ventos".

7 – aos pares, caminhar livremente pelo espaço, sendo que A lidera B, que deverá estar sempre a sua direita (sentido de liderar e ser liderado).

8 – idem, A lidera B, que deverá estar sempre a sua frente.

9 – em colunas, perna direita elevada e flexionada atrás, apoiada pelo aluno de atrás: – saltitar em progressão pelo espaço, procurando desviar e não chocar-se com outro grupo.

Por entre Objetos

1 – correr livremente por entre os obstáculos, saltando-os com os pés unidos.

2 – correr livremente e executar um salto sobre cada obstáculo (galope alto, tesoura, "leap", etc.).

3 – correr, livremente, contornando em círculo de esquerda ou de direita, todo obstáculo encontrado.

4 – correr livremente por entre os obstáculos e, ao sinal, circundar um obstáculo na posição do "caranguejo".

Por manipulação de Objetos

1 – caminhar de um lado a outro da quadra, picando a bola com a mão.

2 – correndo, livremente, picar a bola com uma e outra mão.

3 – rolar a bola, ganhar-lhe a corrida e fazer uma ponte para que ela passe por baixo.

4 – correr, livremente, cada qual levando um objeto sobre a cabeça (bola, saquinho de areia, medicinebol), ao sinal, depositar o objeto no chão e continuar correndo; novo sinal apanhar o primeiro objeto que encontrar e correr.

5 – A e B enfrentados e distanciados: – A rola a bola para B em diferentes direções para que ele a apanhe (percepção visual).

6 – A distanciado de B (em pé) rola a bola fazendo-a passar a frente dos pés de B que, ao perceber a passagem da bola deverá correr (estímulo visual).

7 – A e B distanciados de costas: – A e B rolam as bolas ao mesmo tempo, um para o outro; ao perceberem a passagem da bola, trocarão de lugar.

8 – A e B distanciados e movimentando uma corda em "cobrinha" e C salta de um lado e outro, sem pisar na corda.

Orientação Espacial e Ritmo

1 – correr quatro passos à frente sob o ritmo dado pelo professor (tatá-tatá-tatá-tatá) e rebotar duas vezes para mudar de direção (tá-tá).

2 – idem exercício anterior, porém, correr de costas após mudar de direção.

3 – em grupo, sob o ritmo dado pelo professor, deslocar-se para a frente com o tronco flexionado; para trás com o tronco elevado e para os lados com o tronco no plano médio (manter a relação espacial).

4 – em grupo, caminhar por todo espaço sob uma estrutura rítmica (uma vez o professor marca a estrutura, outra vez o grupo responde a mesma estrutura (perguntas e respostas).

5 – alunos divididos em dois grupos: A e B, caminham em diferentes direções marcando, alternadamente, a mesma estrutura, em forma de pergunta e resposta.

6 – A movimenta-se livremente sob uma estrutura rítmica palmeada por B (duas vezes), em seguida A estimula, palmeando a mesma estrutura rítmica.

7 – em colunas por três, dando-se as mãos direitas: – caminhar em diferentes direções liderados pelo primeiro, duas vezes a mesma estrutura rítmica (tá-tá-tá-tá/tatatatatá-tá). Na segunda vez, na 2ª fase da estrutura, o último passará sob o arco formado pelos braços dos dois primeiros e tomará a liderança.

8 – em grupos de quatro, formando um quadrado e numerados por quatro: – caminhar liderados pelo número um, duas vezes uma determinada estrutura e, na terceira vez, o número dois tomará a liderança e, assim, seguidamente.

9 – em grupos de três, formando triângulo e numerados por três: – caminhar ou correr liderados pelo número um duas vezes uma estrutura rítmica e ao iniciar a terceira vez o número dois tomará a liderança, e assim, sucessivamente.

10 – em colunas por cinco e numerados seguidamente: – correr quatro passo à frente e picar com os pés juntos no quinto tempo, quatro vezes a mesma estrutura (tatá-tá-tatá-tatá-tá) liderados

pelo número um, em seguida, caminhar oito passos para formar um círculo frontal (tá-tá-tá-tá-tá-tá-tá-tá) executar quatro galopes laterais à esquerda e quatro à direita (tatá-tatá-tatá-tatá/tatá-tatá-tatá-tatá) e desfazer o círculo reiniciando toda a movimentação liderados pelo número dois. A movimentação prossegue até que todos tenham liderado.

Percepção Visual e Auditiva (memória visual)

1 – A e B enfrentados: – A executa um determinado movimento golpeando com os pés e mãos uma estrutura rítmica, no chão ou no próprio corpo; B terá que repetir essa estrutura e acrescentar mais uma. Em seguida A repetirá a própria, a de B e acrescentará mais uma, e assim, sucessivamente.

2 – Dois grupos A e B, enfrentados e distanciados: – O grupo A movimentando-se livremente avança em direção ao grupo B palmeando uma estrutura (estímulo); o grupo B capta essa estrutura e responde, avançando para o grupo A, que recua também com livre movimentação (ataque e defesa).

17. ORIENTAÇÃO TEMPORAL

O tempo para a criança está vinculado a sua vivência corporal. Portanto, jogando com o corpo e sentindo múltiplas sensações de contato, pressão, audição, visão, etc., a criança tomará consciência do desenvolvimento de suas ações no tempo.

Até o final da pré-escola a criança tem muita dificuldade de incorporar o tempo subjetivo, (ontem, amanhã, a semana que vem, o ano passado, etc). Por exemplo, ao falar para uma criança: "Amanhã nós vamos ao aniversário de seu priminho"; ao passar pouco tempo ela pergunta: "Já é amanhã?"

Nessa idade ela só compreende o tempo objetivo: o já, o agora. Por exemplo, "vá lavar as mãos para almoçar".

O mesmo se passa com o espaço; a criança tem dificuldade de compreender distâncias muito grandes entre um lugar e outro. Por exemplo, a distância entre São Paulo e Bahia. Ela domina apenas o espaço mais próximo dela.

1 – caminhar, livremente, lento e rápido, por todo o espaço.

2 – caminhar com o tronco flexionado lentamente e correr com o tronco elevado rapidamente.

3 – caminhar golpeando o chão com os pés.

4 – caminhar sem fazer ruído, porém, ao som do pandeiro marcado pelo professor (observando o pulso do aluno).

5 – caminhar golpeando com as mãos diferentes pulsos.

6 – golpear no corpo diferentes pulsos.

7 – palmear forte e tocar, suavemente, um joelho e outro.

8 – palmear um pulso (tá-tá-tá) e marcar o mesmo com o corpo.

9 – sentados: – movimentar a cabeça com o pulso dado pelo professor.

10 – idem exercício anterior: – movimentar os braços com o pulso dado.

11 – idem: – movimentar as pernas com o pulso dado.

12 – idem exercício anterior: – movimentar os braços e pernas com o pulso dado.

Tempo e Ritmo

– alunos formando quatro grupos colocados um atrás do outro: – sob uma estrutura rítmica marcada pelo professor (tá-tá-tá/tátá-tátá) cada grupo se deslocará, alternadamente, para frente, correndo. (sair na 1ª fase da estrutura, observando a freqüência).

– alunos colocados em quatro colunas, uma em cada canto da quadra: – correr em diagonal, cruzando-se dois a dois no centro, sob a estrutura marcada pelo professor (tá-tá/tátátátá) e continuar a correr para se colocar no final da fila oposta. (observar a freqüência de saída, sempre na fase (tá-tá).

3 – idem exercício anterior, porém, quando os dois chegarem a centro, vão girar 1/4 de volta à direita e correr para o final d fila do grupo seguinte. Dentro da mesma freqüência de saída sairão dois elementos dos grupos seguintes, que irão executar mesmo, e, assim, sucessivamente.

4 – disposição anterior, porém, de cada grupo sairá um elemento os quatro correrão para o centro sob uma estrutura rítmica (tá tá/tátátátá) e executarão um giro de volta inteira correndo er círculo de esquerda (2ª vez a estrutura) e ao iniciar a 3ª vez estrutura, cada elemento correrá para o final da fila do grup seguinte.

5 – alunos formados em grupos, estando cada um num canto d quadra: – o primeiro grupo vai correr duas voltas completas voltar ao lugar, porém, quando na 2ª volta passar pelo segund grupo, este deverá acompanhá-lo seguindo atrás e proceder d mesma forma, para que o terceiro o acompanhe e, assim, po diante (o importante é manter a freqüência).

6 – colocados em fileiras por três, uma atrás da outra: – a 1ª fileir vai caminhar até determinada marca sob um pulso lento; até marca seguinte sob um pulso médio e novamente sob um puls lento até a outra marca; neste ponto sairá a fileira seguinte e, as sim, sucessivamente.

7 – em colunas por quatro, trotando livremente em qualquer dire ção sob um pulso lento; ao sinal, o segundo elemento tomará liderança acelerando o movimento; novo sinal, o terceiro toma rá a liderança diminuindo a velocidade e, assim, sucessivamen te.

8 – trotando livremente pelo espaço, cada elemento irá parar quan do achar ter cumprido 1' (colocam-se em fileira, sentando-se O professor marcará o tempo do primeiro a parar e daquel que, realmente, cumprir 1' (este exercício é muito important para desenvolver a noção de tempo).

8. O JOGO: – Conceito

A natureza dotou os seres mais evoluídos da escala biológica de uma necessidade imperiosa de movimento Toda vida humana gira em razão dessa necessidade e durante a infância ela se faz sentir mais intensamente, para ativar o processo de crescimento, pois, o desenvolvimento se realiza em função de estímulos apropriados, agindo sobre os órgãos e funções.

O movimento é o maior estímulo para o desenvolvimento, agindo através do sistema nervoso, muscular e circulatório. O jogo é a atividade mais indicada para satisfazer essa necessidade de movimento, que a criança tem em grande potencial.

A criança joga por entretenimento e, também, porque o jogo representa esforço e conquista.

Além de papel estimulante, o jogo constitui um veículo educacional muito importante. É um fenômeno cultural e biológico; constitui atividade livre, alegre, que encerra um sentido, uma significação. É de grande valor espiritual e social, oferecendo inúmeras possibilidades educacionais (favorece o desenvolvimento corporal; estimula a vida psíquica e a inteligência; contribui para a adaptação ao grupo, preparando a criança para viver em sociedade, pois, aprendendo a respeitar as regras do jogo, ela irá respeitar as regras da sociedade.

O jogo possibilita ao professor conhecer as facetas ignoradas da personalidade do educando e orientá-lo no sentido de que as más qualidades sejam combatidas e as boas cultivadas.

Através do jogo a criança obtém coordenação neuromuscular, cria normas de conduta e aprende a viver em grupo. Os hábitos, atitudes e vocabulários adquiridos durante a prática dos jogos transferem-se para outras atividades.

18.1 Objetivos dos Jogos

– oferecer à criança durante o horário escolar atividades recreativas orientadas, afim de prevenir a fadiga, permitir o relaxamento e aliviar tensões nervosas.

– favorecer a auto-expressão.

– desenvolver a capacidade física (força, resistência, coordenação, sentido de equilíbrio, velocidade, etc.).

– oferecer à criança a oportunidade de praticar padrões desejáveis de conduta, acostumando-a a respeitar e cumprir as regras impostas pelo jogo.

– despertar na criança o sentido de grupo, ensinando-a a conviver com outras crianças, praticando cooperação, lealdade, cortesia, espírito de luta e respeito ao semelhante.

– favorecer a aprendizagem de atividades lúdicas, para que a criança possa utilizá-las nas suas horas de lazer fora da escola.

– oferecer à criança atividade física prazerosa e vigorosa.

– ensinar à criança habilidades fundamentais variadas, oferecendo-lhe a oportunidade de praticá-las em ambiente de prazer, afim de estimular o gosto pelo esporte.

– dar oportunidade à criança de solucionar problemas práticos, que as situações dos jogos oferecem.

– favorecer a iniciação esportiva.

18.2 Princípios Didáticos com Referência à Apresentação do Jogo..

– dê explicação breve, clara e precisa do jogo.

– coloque o grupo segundo a exigência do jogo.

– apresente diagramas ou esquemas, se o jogo for complicado.

– não estipule regras que as crianças não possam cumprir.

– seja justo e faça arbitragem clara.

– mantenha o ritmo vigoroso da exercitação.

– exija jogo limpo.

– evite jogos que excluam jogadores.

– permita inovações que emanem das crianças.

– corrija a conduta antidesportiva, estimulando a luta franca e amistosa.

– prepare o material a ser utilizado no jogo com antecedência.

– elimine possíveis riscos (não permita jogar em terreno molhado e escorregadio).

– suspenda o jogo antes que o entusiasmo e interesse pelo mesmo diminua.

18.3 Classificação dos Jogos Segundo suas Funções Gerais

– motores

– não motores

Jogos motores são aqueles que colocam em atividade as grandes massas musculares, atuando sobre todo o organismo, estimulando o seu desenvolvimento harmônico e proporcionando atividade sintética. São de grande e intensa movimentação, oferecendo a oportunidade de exercitar as estruturas básicas dos movimentos naturais: correr, saltar, lançar, fintar, esquivar-se, etc.

Podem ser recreativos e desportivos. Os jogos recreativos visam apenas o aspecto lúdico, proporcionando satisfação pessoal. Os jogos desportivos visam desde a aprendizagem de gestos simples do jogo, até a técnica específica de um esporte.

Os jogos desportivos subdividem-se em:

– preliminares: – jogos de curta duração, sem regulamentação definida, não necessitando de material específico e nem de campo oficial para a sua execução. Podem ser realizados com número ilimitado de jogadores.

Servem para despertar na criança o interesse e gosto por um determinado esporte, através da prática de fundamentos básicos.

Por exemplo: jogadores dispostos em colunas eqüidistantes do cesto de basquetebol; os testas das mesmas de posse de uma bola.

Ao sinal, partem correndo e, driblando a bola afim de encestá-la. Conseguindo o objetivo, voltam correndo entregando a bola ao seguinte da fila, para que este proceda da mesma forma. Esse jogo contém dois fundamentos do esporte: – o drible e o lance à cesta.

– predesportivos: – são os jogos que desenvolvem habilidade táticas mínimas de um determinado esporte. Necessitam de campo definido para a sua realização e material similar ao do esporte propriamente dito. Podem ser executados com número mais ou meno limitado de jogadores e liberdade na aplicação das regras do jogo.

Exemplo "câmbio" predesportivo de voleibol (ver esquema em "jogos predesportivos").

– esporte reduzido: – consiste na prática de um determinado esporte de forma reduzida quanto às dimensões, altura da rede, tamanho e peso da bola, tempo de duração, etc. As regras do jogo deverão ser introduzidas gradativamente.

Exemplo: mini-basquetebol

– esporte propriamente dito: – consiste no jogo completo, com o emprego da tática e da técnica específica. Necessita de campo oficial, material específico, número determinado de jogadores, regra oficiais e tempo de duração também oficial.

Observação: na escola primária, em condições favoráveis pode-se chegar até a prática do esporte reduzido.

JOGOS NÃO MOTORES: – são os jogos de pouca movimentação e, por essa razão, considerados calmantes.

Podem ser realizados no final da aula ou em dias chuvosos, em espaço reduzido.

Subdividem-se em:

– sensoriais: – são aqueles que despertam os sentidos, por exemplo: o "telégrafo", sensorial tátil (ver em "jogos calmantes").

– intelectivos: – são os jogos que estimulam a memória, a observação, a decisão e o controle emocional. Servem como valioso auxiliares no aprendizado de outras disciplinas, podendo ser relacionados com diferentes centros de interesse. Consistem na memorização de palavras acumuladas, gestos, associação de idéias, etc.

Exemplo: o jogo do "pum" (atenção, ritmo e conhecimento da tabuada).

Os alunos permanecem sentados em círculo e um jogador determinado dará início ao jogo dizendo "um"; o seguinte dirá "dois"; o terceiro dirá "pum" e, assim por diante:: quatro, cinco, pum, sete, oito, pum...

Não deverá ser dito "três", números terminados em três e seus múltiplos. Será desclassificado o jogador que perder o ritmo, usar o número "três" e seus múltiplos ou gaguejar ao pronunciar o número.

– de salão: – são jogos de pouca movimentação e intensidade, que provocam muita satisfação pessoal e geralmente oferecem situações cômicas. São próprios para gincanas de salão.

Por exemplo, o jogo "estourar bexigas": – alunos dispostos em fileiras frente a frente e distanciados cerca de uns 20 mts., tendo cada um, uma bexiga igualmente cheia em mãos. Ao sinal correm para frente e, num ponto determinado, colocam a bexiga no chão, sentando-se sobre ela afim de estourá-la, sem o auxílio das mãos. Vencerá a equipe que terminar primeiro.

18.4 Jogos Motores Recreativos (para aquecimento)

1 – A CORRENTE: – Jogadores dispostos à vontade pelo campo, correndo. Ao sinal, o pegador parte ao encalço dos demais e aquele que for aprisionado lhe dará a mão, iniciando a corrente. O jogo prossegue e a corrente vai aumentando, então o professor dirá "dividir a corrente" (divide-se ao meio) e ambas partem ao encalço dos demais. Os jogadores poderão escapar por entre os elos da corrente, pois, somente as extremidades podem pegar.

2 – TOCAR NO OBJETO DADO: – Jogadores correndo à vontade pelo espaço; o professor nomeia um objeto qualquer e os alunos deverão tocá-lo (se o objeto determinado for pessoal, por exemplo: nariz, relógio, cabelo, meia, etc., não poderá ser o próprio.

3 – FORMAR GRUPOS DE ACORDO COM O NÚMERO DADO: — Alunos dispersos pelo campo, correndo. Ao comando do professor os alunos deverão formar grupos (em pé, sentados, de cócoras, em decúbito ventral, etc.) de acordo com o número dado.

4 – CORRA SEU URSO: – Jogadores dispersos à vontade pelo campo; um pegador "urso", abaixado, fingindo dormir. Os jogadores vão desafiar o urso: "corra seu urso", batendo-lhe nas costas. Num dado momento o urso parte ao encalço dos jogadores e aquele que for aprisionado será o novo urso.

5 – TODOS OLHAM NOS MEUS OLHOS: – O professor se movimenta correndo ou saltando pelo campo, tomando diferentes posições e os alunos têm que segui-lo para olhar nos olhos dele.

6 – QUEM DÁ MAIS PALMADAS: – Os jogadores correm livremente pelo campo, procurando dar palmadas nos quadris dos colegas e vão computando os pontos obtidos.

7 – QUEM PISA MAIS OS PÉS: – Os jogadores correm livremente pelo campo procurando pisar os pés dos colegas, evitando que os seus sejam pisados e vão computando os pontos obtidos.

8 – QUEM CONSEGUE O MAIOR NÚMERO DE FAIXAS (rabinho): – Os jogadores correm livremente pelo campo, tendo uma faixa presa, no cós do calção. Ao sinal dado procuram conseguir o maior número de faixas possível, tirando-as dos colegas (as faixas conseguidas vão sendo colocadas no cós do calção).

9 – TROCA DE FILEIRAS EM ÁREA DETERMINADA: – Jogadores dispostos em duas fileiras frente a frente, numa área limitada, distanciadas de cinco a dez metros. Ao sinal, os jogadores trocam de lugar, correndo ou caminhando, procurando não se chocarem.

10 – NUNCA TRÊS: – Jogadores aos pares, mãos adjacentes dadas, correndo livremente; um pegador e um fugitivo. Ao sinal, o pegador corre ao encalço do fugitivo que, para salvar-se, dará a mão a um dos jogadores da dupla e o outro será o novo fugitivo. Pode-se inverter a reação psicomotora, isto é, o jogador que sobrar será o pegador e não o fugitivo.

11 – PEGADOR AOS PARES: – Os jogadores correm livremente, sendo perseguidos por uma dupla de mãos dadas e o pegador que conseguir tocar qualquer um, trocará de lugar com ele.

12 – GATO E RATO POR SOBRE OS OBSTÁCULOS (alunos sentados, pernas flexionadas, cabeça abaixada): – Ao sinal para iniciar o jogo, o pegador corre em perseguição ao fugitivo que, para

alvar-se, deverá saltar um dos colegas e sentar-se na posição "gru-ada". O jogador saltado será o novo fugitivo. Pode-se mudar a rea-ão psicomotora: o jogador saltado será pegador em lugar de ugitivo.

13 – O TÚNEL: – Jogadores dispostos em quatro colunas for-nando dois túneis (frente a frente, braços elevados, mãos dadas). Ao inal, os dois últimos iniciam a passagem por baixo do túnel, sendo eguidos pelos demais. Vencerá o partido que reformar o túnel pri-neiro.

14 – DESFOLHAR O LIVRO: – Jogadores em fileiras, tendo ıma bola o primeiro de cada uma. Ao sinal, passam a bola para o :olega vizinho e correm, por trás, para reformar a fileira, sendo se-;uidos pelos demais, que executam o mesmo.

15 – DIA E NOITE: – Jogadores dispostos em duas colunas, :qüidistantes dos respectivos "piques", formando dois partidos. Se o ırofessor chamar "dia", todos deverão fugir para o seu pique, sendo ıerseguidos pelos outros. Contam-se os jogadores que foram apri-ionados, computando-se os pontos para o adversário. O professor ⸍ai alternando as chamadas entre "dia" e "noite".

16 – NARIZ COMPRIDO: – Jogadores correndo livremente ıelo campo, perseguidos pelo pegador "nariz comprido" (mão direi-a no nariz, passando-a por sob o braço esquerdo estendido). Aque-es que forem aprisionados deverão tomar posição idêntica e auxiliar ⸍ pegador.

17 – COELHOS E CAÇADORES: – Jogadores correndo livre-nente pelo campo, formando dois partidos. Os caçadores tratam de natar os coelhos que, uma vez tocados, deverão sentar-se. Quando odos os coelhos forem liquidados, trocam-se as funções e marca-se ⸍ tempo que cada grupo levou para executar a tarefa. Vencerá aquele ¡ue gastar o menor tempo.

18 – GAVIÃO, GALINHA E PINTINHOS: – Alunos dispostos ⸝m coluna, segurando-se pela cintura (pintinhos), o primeiro da fila, le braços abertos (galinha) e, à frente, está o "gavião" que procura ıegar um dos pintinhos, sendo impedido pela galinha. Se o gavião :onseguir apanhar um pintinho, trocará de lugar com ele.

19 – O ESPELHO: – A e B distanciados, um atrás do outro, ca
minhando. Ao sinal devem correr, tratando o de trás de apanhar o d;
frente que, para salvar-se, deverá executar qualquer movimento
cambalhota, parada de mão, salto, giro, etc., para que o outro o imi
te.

20 – A ESTRELA: – Jogadores em quatro colunas, formand(
uma estrela, cujos raios estão numerados de 1 a 4 (sentados ou en
pé). O professor chama um número correspondente a dois raios, po
exemplo, 42, e os alunos deverão correr uma volta completa, retor
nando aos lugares, sentando-se. Vencerá o raio que realizar a taref;
primeiro.

21 – TOCAR AS PAREDES: – Jogadores formam duas filei
ras, uma em cada linha de fundo da quadra. Ao sinal, cruzam-se cor
rendo, tocam as paredes de fundo e retornam aos seus lugares
Vencerá a fileira que reformar primeiro.

22 – O SINALEIRO: – Jogadores dispostos em grupos, no;
quatro cantos da quadra; no centro está o professor (sinaleiro) con
os braços abertos e estendidos no plano horizontal. O sinaleiro vai
se movimentando e de acordo com a direção apontada, os grupo;
trocam de lugar, correndo.

23 – A LOCOMOTIVA: – Jogadores em colunas, formand(
dois partidos; à frente de cada uma, a uma distância de 5 m, está un
obstáculo. Ao sinal, o testa de cada fila corre, contorna o obstáculo
volta passando atrás do último da sua fila e quando passar pela fren
te leva o seguinte, tomando-o pela mão e assim sucessivamente.

24 – JOGO DO BONÉ: – Jogadores dispostos à vontade, cor
rendo; um fugitivo com boné na cabeça e um perseguidor. Ao sinal
o pegador parte ao encalço do fugitivo que, para salvar-se, terá qu
colocar o boné na cabeça de outro jogador, que será o novo fugitivo
Pode-se mudar a reação psicomotora, isto é, aquele que receber (
boné será perseguidor em lugar de fugitivo.

25 – LAGOSTAS E RÃS: – Os alunos estão divididos em doi
grupos, lagostas e rãs, em posição de cócoras, saltitando livremente
Ao comando do professor, "rãs" ou "lagostas", um grupo persegue (
outro tratando de agarrar o maior número possível de jogadores
sempre saltitando. Vencerá quem conseguir mais pontos.

26 – MEIA NOITE: – Jogadores divididos em dois grupos, fugitivos e perseguidores, correndo livremente pelo campo. Para iniciar o jogo um fugitivo determinado pergunta a um perseguidor "que hora é" e esse responderá qualquer hora, porém, quando responder "meia-noite", todos tratam de fugir para o pique, sendo perseguidos pelos demais pegadores. Trocam-se as equipes para estabelecer quem conseguiu mais pontos.

27 – O CAÇADOR DE ANIMAIS: – Os alunos estão divididos em vários grupos, com igual número de jogadores em cada um, recebendo nomes de animais e colocados numa das linhas de fundo da quadra. Na outra extremidade está o pique; no centro da quadra o caçador. Para iniciar o jogo o professor chamará um grupo, por exemplo, "coelhinhos", e todos deverão mudar para o pique, sendo perseguidos pelo caçador. A seguir, o professor chamará outro grupo e assim sucessivamente. Vencerá o grupo que perder o menor número de animais.

28 – LUTA DE SERPENTES: – Jogadores formando dois partidos, dispostos em filas que se defrontam, segurando-se pela cintura. Ao sinal de começar, a "cabeça" de cada serpente trata de tocar o último jogador adversário que, uma vez tocado, deverá passar a integrar a serpente inimiga.

29 – A MENSAGEM: – Jogadores divididos em dois grupos; em cada extremidade do campo se marcam as zonas de refúgio. Um dos grupos se coloca num refugio, tendo um dos jogadores uma mensagem escondida no bolso; o outro se espalha pela quadra. Ao sinal, os jogadores devem trocar de refúgio, correndo, sendo perseguidos pelos demais. Se entre os aprisionados for encontrada a mensagem, seu grupo trocará de funções com o outro; em caso contrário, repetirá a façanha, computando um ponto a seu favor.

30 – MURALHA CHINESA: – No centro do terreno marcam-se duas linhas paralelas, distanciadas cerca de dois metros; nas linhas de fundo constituem-se as zonas de refúgio. Num dos refúgios se colocam os jogadores e no centro um defensor. Ao sinal, os jogadores deverão trocar de refúgio, tendo que passar pela "muralha chinesa"; o guardião deverá tocar os invasores. Os atacantes tocados

169

ficarão na muralha ajudando o guardião na próxima investida. O último a ser aprisionado será o novo guardião.

31 – CORRIDA DE REBOQUE: – Jogadores formando duas ou mais equipes e colocados em colunas, atrás da linha de partida. A uma distância de 10 metros marca-se a linha de chegada e coloca-se um jogador de cada partido. Ao sinal, esses jogadores correm para a coluna correspondente apanhando o primeiro, para rebocá-lo para a linha de chegada, deixando-o aí; voltam para buscar o seguinte e assim sucessivamente. Vencerá o partido que rebocar todos os jogadores primeiro.

Variante: – o jogador que reboca permanece na linha de chegada e aquele que foi rebocado volta a apanhar o seguinte.

32 – QUEM DÁ MAIS VOLTAS: – Jogadores em duas colunas, formando partidos; o testa de uma delas de posse de uma bola. Ao sinal, arremessa a bola bem longe da coluna adversária e corre contornando a sua própria coluna o maior número de vezes (contam-se as voltas), enquanto que a outra deve correr para o lugar onde caiu a bola e reformar a fila. A coluna de posse da bola procederá da mesma forma e assim sucessivamente. Vencerá o partido que conseguir o maior número de voltas.

33 – OS "CAÇAS": – Dividir a quadra em duas partes iguais. Numa delas coloca-se um partido em coluna, numerando-se os jogadores seguidamente e na outra, os componentes adversários espalhados à vontade. Ao sinal de iniciar o jogo, o jogador "caça" número 1 parte ao encalço dos adversários e quando conseguir tocar num deles gritará o número 2 que é o "caça" seguinte, saindo do jogo (ficará como fiscal) O novo "caça" procederá da mesma forma e assim sucessivamente. Marca-se o tempo que os "caças" levam para executar a tarefa. Invertem-se os papéis e verifica-se qual o grupo que levou o menor tempo.

34 – ATAQUE À FORTALEZA: – Mesma disposição do jogo anterior, porém os "caças" formando-se por dois, frente a frente, mãos dadas, também numerados seguidamente. Os adversários espalhados na sua fortaleza, saltitando com um só pé. Ao sinal, parte o primeiro "caça" (correndo ou saltitando lateralmente) procurando aprisionar um adversário qualquer, passando o arco formado pelos

170

raços sobre a cabeça do prisioneiro. Conseguido o intento, gritam o número seguinte, partindo o "caça" 2 para executar a mesma tarefa e assim sucessivamente. À medida que os "caças" vão capturando os adversários, vão saindo do jogo juntamente com eles. Invertem-se os papéis, comparando-se os "tempos" gastos para a realização da tarefa.

35 – CAÇAR A VÍBORA: – Jogadores formando pequenos grupos (6 a 8 elementos em cada um) correndo pelo espaço (campo grande) em perseguição a um jogador neutro, que corre arrastando uma faixa de uns 80 cm de comprimento. Aquele jogador que conseguir apanhar a faixa (serpente) marcará um ponto para o seu grupo. Repete-se a tarefa várias vezes, computando-se os pontos ao grupo que lograr o intento.

36 – QUEBRA CANELA EM COLUNA: – Jogadores dispostos em colunas, formando dois partidos; o testa de cada uma de posse de um bastão grande. Ao sinal, segurando numa das extremidades do bastão, dão a outra ao jogador seguinte e correm até o final da fila, obrigando os seus companheiros a saltar, com os pés juntos, quando o bastão se aproxima. Quando o último salta, o testa da fila permanece atrás e o seu companheiro volta ao início para repetir a tarefa com o jogador seguinte e assim sucessivamente. Vencerá o partido que terminar primeiro.

37 – QUEBRA-CANELA EM CÍRCULO: – Jogadores em círculo frontal; ao centro um aluno tendo à mão uma corda de 2 metros de comprimento com um nó na extremidade. Ao sinal, faz a corda passar, fortemente, sob os pés dos demais, que deverão saltá-la. Aquele que for atingido trocará de lugar com o jogador do centro.

38 – O DONO DA ARENA: – Jogadores colocados dentro de um círculo, cujo diâmetro está condicionado ao número de participantes. Ao sinal para iniciar o jogo, os alunos cruzam as mãos atrás das costas e empurram-se mutuamente (com o tronco, pernas, peito, etc.) procurando deslocar os demais para fora do círculo. Aquele que pisar fora da linha do círculo será eliminado e funcionará como juiz. Vencerá aquele que conseguir permanecer na arena.

39 – A LEBRE E O CAÇADOR: – Jogadores em círculo costal, mãos dadas; entre eles um designado será a lebre. Fora do círcu-

171

lo e distante da lebre está o caçador. Ao sinal, o caçador procura apanhar a lebre e para impedí-lo, o círculo movimenta-se rapidamente para um lado e outro.

18.5 Jogos Motores Recreativos

1 – BOLA AO TÚNEL: – Jogadores dispostos em colunas formando dois ou mais partidos; em pé, pernas separadas, tendo cada testa de fila uma bola. Ao sinal, os primeiros rolam a bola até o último jogador de sua coluna, esse a apanha e corre para o princípio da fila para executar o mesmo e assim sucessivamente.

2 – O CANGURU: – (variante de bola ao túnel). Igual ao anterior, porém, o último jogador, ao apanhar a bola, vem saltitando com os pés juntos até a frente mantendo-a presa entre os joelhos, fazendo-a rolar de novo pelo túnel.

3 – A CABRA: – (variante de bola ao túnel). Igual ao nº 1, porém, o último jogador, ao apanhar a bola, vem rolando-a com a cabeça por dentro do túnel até a frente.

4 – A TRINCHEIRA: – Jogadores em círculo frontal, pernas afastadas, pés unidos aos dos colegas vizinhos; um jogador ao centro de posse de uma bola. Ao sinal, o jogador do centro procura fazer a bola passar por entre as pernas dos demais jogadores, que procuram impedir, empurrando-a com as mãos. O jogador que deixar a bola passar substituirá o do centro.

5 – BOLA AÉREA: – Jogadores dispostos em colunas; o primeiro de cada uma de posse de uma bola. Ao sinal dado, vão passando a bola por cima da cabeça até o último da respectiva coluna; esse a apanha e corre para a frente para reiniciar a passagem.

6 – BOLA EM SINUOSA: – Jogadores dispostos em círculo frontal, distanciados e sentados, numerados por dois, formando dois partidos. Dois jogadores vizinhos, determinados para iniciar o jogo, de posse de uma bola. Ao sinal dado, o nº 1 arremessa a bola ao companheiro da direita e assim sucessivamente; o nº 2 executa o mesmo pela esquerda. A vitória caberá ao partido cuja bola chegar em primeiro lugar ao ponto inicial.

7 – PEGA-PEGA: – Jogadores dispostos como no jogo anterior; uma bola com um jogador de nº 1 e a outra com o de nº 2 colocado em ponto oposto do círculo. Ao sinal dado, os jogadores arremessam as bolas aos seus companheiros, pela direita, fazendo com que uma passe à frente da outra. Quando um jogador deixar a bola cair, deverá pegá-la para dar continuidade ao jogo. Vencerá a equipe que conseguir o objetivo. Podem ser usadas bolas iguais, porém, de cores diferentes.

8 – EVITAR A BOLA: – Jogadores, em pé, formando um círculo frontal; ao centro um ou dois jogadores. Os jogadores do círculo, de posse de uma bola, procuram "queimar" os do centro, dos quadris para baixo. Esses empregam todos os recursos a fim de evitar a bola. Quem acertar permutará com o jogador atingido.

9 – EVITAR A BOLA: – (variante). Igual ao jogo anterior, porém, ao centro coloca-se um "plinto" e um jogador para defendê-lo. Os jogadores do círculo fazem passes entre si e num dado momento procuram atirar a bola contra o plinto; o jogador defensor fará de tudo para defendê-lo (agarrando a bola, rebatendo-a com as mãos ou com os pés). O jogador que conseguir o objetivo permutará com o do centro.

10 – BOLA ERRANTE: – Jogadores, em pé, distanciados, formando círculo frontal, de posse de uma bola; ao centro um jogador qualquer. Ao sinal dado, os jogadores do círculo fazem passes aos companheiros imediatos, da direita ou da esquerda e o do centro deverá tocá-la. Quando conseguir o objetivo será substituído pelo jogador que cometer a falta (passar mal ou deixar de agarrá-la).

11 – CHAMADA DA RODA: – Jogadores dispostos em círculo frontal, na posição de "cócoras"; ao centro um jogador de posse de uma bola (os jogadores do círculo estão numerados seguidamente). O jogador do centro será o de nº 1 e jogará a bola para o alto, chamando um outro número qualquer. O jogador cujo número foi chamado deverá apanhar a bola antes que toque o chão. Se conseguir trocará de lugar com o do centro.

12 – DOMAR E PASSAR: – Jogadores dispostos em círculos frontais concêntricos, os dentro serão "cavalos" e os de fora "cavaleiros". Ao sinal dado, os cavaleiros montam os respectivos cavalos

e de posse de uma bola executam passes entre si. Os cavalos procuram evitar que os domadores apanhem a bola, movimentando o corpo, porém, sem deslocar os pés. Quando um domador deixar a bola cair, invertem-se as posições. Vencerá o partido que conseguir "domar" por mais tempo.

13 – O LABIRINTO: – Jogadores dispostos em, 4 ou 6 fileiras, mãos dadas; um fugitivo e um pegador. Ao sinal dado, o pegador parte ao encalço do fugitivo, correndo ambos pelos corredores formados pelas fileiras. O professor irá comandando a movimentação das fileiras (ao apito, os jogadores largam as mãos e viram $1/4$ de volta à direita, dando-se as mãos novamente). Tanto o fugitivo como o perseguidor somente poderão correr pelos corredores, entrando pelas portas e não passando por entre os braços dos colegas. Quando o pegador conseguir pegar o fugitivo, os jogadores trocarão com outros dois.

14 – O CHICOTE: – Jogadores sentados em círculo frontal, pernas cruzadas, mãos para trás, olhos fechados. Um jogador, de posse de um chicote ou de uma sapatilha, corre ao redor do círculo e num dado momento deixa o chicote nas mãos de um jogador qualquer. Este, imediatamente, levanta-se e começa a bater no jogador da direita que, pós sua vez, deverá fugir, dando uma volta inteira e sentando-se de novo. O jogador de posse do chicote reinicia o jogo.

15 – O TRIPÉ: – Jogadores em colunas, formando partidos, tendo cada testa 3 bastões e 4 pés de sapato. A uma distância de 10 metros traça-se a linha de chegada. Ao sinal dado, partem correndo e vão armar o tripé sobre a linha determinada (calçam os três sapatos nos bastões, juntando as extremidades superiores com o 4° sapato) e voltam correndo batendo nas mãos dos companheiros que devem ir buscar os tripés e os sapatos para entregá-los aos seguintes e assim sucessivamente. Os jogadores após entregarem os tripés ou avisarem os seguintes, vão para o final das respectivas filas.

16 – CAVALOS E CAVALEIROS: – Jogadores dispostos em círculos frontais concêntricos; os do círculo interno em posição de "gatas" (cavalos), os outros montados nos cavalos (cavaleiros), ficando um cavalo sem cavaleiro. Um jogador (cavaleiro) correndo em volta do círculo procura apanhar e montar o cavalo vazio, sendo

impedido pelos demais que se movimentam em sentido contrário para fechar o cavalo, montando-o. Quando o jogador, sem cavalo, conseguir montar o cavalo vazio trocará de lugar com aquele que não se movimentou a tempo para montá-lo.

17 – DISPUTA DO SAPATO: – Jogadores dispostos em duas fileiras, frente a frente, distanciados cerca de 10 m, sentados e numerados seguidamente em sentido inverso, isto é, o nº 1 de uma defrontando-se com o último numero da outra. Ao centro coloca-se um sapato. O professor chamará um número qualquer e os alunos que têm esse número correm para o centro, disputando a posse do sapato. Aquele que conseguir fugir com o sapato sem ser apanhado pelo adversário marcará um ponto para a sua equipe. Coloca-se o sapato novamente no centro para nova chamada.

18 – GOL SOB CADEIRAS: – Jogadores dispostos da mesma forma do jogo anterior, numerados seguidamente e em sentido inverso. Sobre a linha central e em cada extremidade coloca-se uma cadeira, tendo um jogador sentado, de posse de um bastão. No centro, eqüidistante das fileiras coloca-se um saco de estopa dobrado ao meio. O professor chamará um número qualquer e os jogadores que têm esse número correm para apanhar o respectivo bastão e com ele empurrar o saco sob a cadeira marcando ponto para a sua equipe. Um jogador procura impedir o outro de conseguir o objetivo sem, contudo, prender o saco com os pés. Após consignado o tento, os bastões e o saco voltam aos lugares para que o professor proceda a nova chamada. Vencerá a equipe que conseguir o número de pontos estabelecidos.

19 – ROLAR OS BASTÕES: – Jogadores dispostos em colunas, distanciadas de 10 a 15 metros da linha de chegada, tendo cada testa de fila três bastões. Ao sinal dado, correm rolando um dos bastões com o auxílio dos outros dois até a linha de chegada; apanham os bastões e voltam atrás das filas respectivas.

20 – GUERRA: – Com giz ou cal marca-se um círculo ou quadrado em cada canto da quadra (prisões). Dividem-se os jogadores em quatro partidos, com igual número de participantes em cada um, distribuídos à vontade pelo campo. Ao sinal dado, cada jogador procura empurrar os adversários para as prisões. Ficará detido aquele

que colocar um dos pés no interior da prisão. Vencerá o partido que, esgotado o prazo, conseguir manter o maior número de jogadores no centro do campo.

21 – QUEIMADA: – Jogadores dispostos em duas fileiras, frente a frente, distanciadas cerca de 5 metros, formando um partido. O outro partido se colocará em coluna, distante das fileiras cerca de 2 metros, numa das extremidades. Ao sinal dado para iniciar o jogo, o primeiro da coluna corre para a extremidade oposta, passando por entre as fileiras e retornando ao lugar, evitando ser queimado pelo adversário que tem o manejo de duas bolas. Em seguida partirá o jogador seguinte e assim sucessivamente. Soma-se o número de vezes que cada jogador é atingido. Quando todos os jogadores tiverem passado pela zona de queimada, trocam-se as posições. Vencerá o partido que tiver menor número de "queimados".

22 – INVASÃO AO FORTE: – Metade dos jogadores, de mãos dadas, formará um círculo frontal (forte). A outra parte, dispersa pelo campo, será a dos "atacantes". Ao sinal dado, os atacantes procuram penetrar no forte, sendo impedidos pelos defensores que poderão usar de todos os recursos (levantar ou abaixar os braços, alargar ou estreitar o círculo, afastar as pernas, porém, sem soltar as mãos). No final do tempo determinado conta-se o número de jogadores que conseguiu atingir o objetivo. Invertem-se os papéis. A vitória caberá ao partido que conseguir colocar mais soldados dentro do forte.

23 – TROCA PERIGOSA: – Jogadores dispostos em círculo frontal, sentados e bem distanciados (cada um marca, com giz, o seu lugar, traçando um pequeno círculo) numerados seguidamente a partir do número 2. Ao centro o jogador de nº 1, também sentado. O professor chamará um número, por exemplo, 45, e os jogadores que têm os números 4 e 5 trocarão de lugar; aproveitando a oportunidade, o jogador do centro tentará apoderar-se de um dos lugares. Se o conseguir, trocará de lugar com aquele que não atingiu o círculo a tempo.

24 – A TOCA: – Jogadores em círculo frontal, pernas afastadas, pés unidos aos dos vizinhos; um fugitivo e um pegador. Ao sinal dado, o pegador parte ao encalço do fugitivo, passando ambos

or entre as pernas dos demais jogadores. Quando o fugitivo for alcançado, trocam-se os jogadores. Os jogadores em ação poderão passar por qualquer uma das portas da toca.

25 – PASSEIO AÉREO: – Os alunos colocam-se em fileiras, frente a frente, tomando-se pelos pulsos, braços estendidos, formando um tapete (devem ficar bem unidos lateralmente). Um aluno colocado fora dessa formação corre e salta, em decúbito ventral, para cima do tapete e vai sendo arremessado para a outra extremidade, através de movimentos impulsionados. Ao chegar ao final um auxiliar o toma pelas mãos para ajudá-lo a saltar.

26 – JOÃO-BOBO: – Alunos ajoelhados, formando um círculo frontal; ao centro um aluno em pé conservando o corpo bem retesado será arremessado pelos jogadores em diferentes direções. Aquele que deixar o "João-Bobo" cair trocará de lugar com ele.

27 – LEVAR E TRAZER: – Jogadores dispostos em colunas, formando dois ou mais partidos; à frente de cada uma, a 5 metros de distância coloca-se um arco. Os testas de fila munidos de três a quatro bolas de borracha. Ao sinal dado, partem correndo para colocar as bolas dentro do arco e voltam para dar aviso de partida aos seguintes, que irão buscá-las e assim sucessivamente. Os jogadores, ao final da tarefa, vão-se colocando atrás das respectivas filas. Vencerá o partido que terminar primeiro.

28 – CABO-DE-GUERRA: – Jogadores colocados em duas colunas, frente a frente, segurando uma corda longa e grossa. Traça-se uma linha divisória entre as colunas. Ao sinal dado um partido procura arrastar o outro fazendo com que os jogadores ultrapassem a linha divisória.

29 – VESTIR O ESPANTALHO: – Jogadores dispostos em duas ou mais colunas; à frente de cada uma, a uma distância de 10 metros coloca-se um aluno em pé, pernas afastadas e braços abertos (espantalho). Os testas munidos de 4 faixas, ao sinal, partem correndo até o espantalho e amarram, com um nó, as faixas nos pulsos e nos tornozelos dele e voltam para dar aviso de partida aos seguintes. Esses vão desatar as faixas para entregá-las aos seguintes e assim, sucessivamente.

30 – SALTAR O OBSTÁCULO E PASSAR SOB ELE: – Jo
gadores dispostos em duas ou mais colunas; à frente de cada uma,
uma distância de 10 metros coloca-se um jogador na posição de "g
tas" ou de "banco". Ao sinal dado, os primeiros partem correndo
saltam os obstáculos e passam por sob a ponte por eles formada (
jogador que está em posição de "gatas" logo após ter sido saltad
eleva os joelhos, estendendo as pernas).

18.6 Jogos Desportivos: Preliminares :

Basquetebol

1 – Jogadores dispostos em duas ou mais colunas, distanciado
da tabela de basquetebol, onde estão colocados sobre a linha de fun
do, os obstáculos correspondentes. Os testas de colunas munidos d
uma bola; ao sinal, partem driblando a bola e contornando os obstá
culos voltam à linha de saída para entregá-la ao seguinte, indo colo
car-se atrás da fila. O jogo prossegue dessa forma, vencendo
equipe que terminar primeiro.
Fundamento: "drible".

2 – Mesma disposição anterior. Ao sinal, os testas partem dri
blando a bola, lançando-a ao cesto. Consignado ou não o tento, pe
gam a bola e voltam driblando para entregá-la ao seguinte. Assim,
jogo prossegue, vencendo o partido que terminar primeiro.
Fundamentos: "drible" e lance.

3 – Variante do jogo anterior: o jogador somente poderá volta
a entregar a bola ao seguinte, após ter conseguido encestá-la.

4 – Mesma disposição do jogo 1. Ao sinal, os testas partem dri
blando a bola, arremessando-a contra a tabela e saltando para pegá
la no ar, girando 180°, caindo com pernas semi-flexionadas
afastadas para passá-la ao seguinte, indo colocar-se atrás da fila.
Fundamentos: drible, lance e passe.

5 – Jogadores dispostos em quatro colunas, defrontando-se duas a duas, distanciadas de três a cinco metros, formando dois partidos. Ao sinal, os testas de cada partido executam um passe para o companheiro (determinado pelo professor) da outra coluna e vão para o final da fila. Assim, o jogo prossegue, vencendo a coluna que terminar primeiro.

Fundamentos: passe e movimentação.

6 – Variante do jogo anterior: após executar o passe o jogador desloca-se para o final da coluna contrária do mesmo partido.

7 – Jogadores sentados e dispostos em quadrado, no centro da quadra de basquetebol. No meio do quadrado coloca-se uma caixa contendo quatro bolas. Os jogadores estão numerados seguidamente. O professor chama um número qualquer, por exemplo: nº 6 e os jogadores que têm esse número levantam-se correndo, apanham a bola e driblando vão para a tabela com a finalidade de encestá-la. O jogador que conseguir recolocar a bola na caixa, em primeiro lugar, após ter conseguido o cesto, marcará um ponto para a sua equipe,

Fundamentos: drible, lance e movimentação.

Voleibol

1 – Jogadores dispostos em duas ou mais colunas e distanciados mais ou menos cinco metros, à frente de cada uma, estão os distribuidores de bolas. Ao sinal, o distribuidor passa a bola para o testa de sua coluna, que a devolverá com um toque estipulado pelo professor (por cima, por baixo ou manchete), indo colocar-se no final da fila. E assim, sucessivamente, vencendo o partido que terminar primeiro.

2 – Variante do jogo anterior: cada equipe se coloca em duas colunas frente a frente. O testa de cada coluna passa a bola para o companheiro da fila contrária, indo colocar-se no final da própria coluna.

3 – Igual ao jogo anterior, porém, passando a bola por sobre a rede.

4 – Jogadores dispostos em círculos frontais, formando dois ou mais partidos. No centro de cada círculo está um distribuidor, que

irá executar passes a cada jogador, seguidamente. Vencerá o partido que completar o círculo em primeiro lugar.

Futebol de salão

1 – Jogadores dispostos em quatro colunas, lado a lado, formando cada duas, um partido, distanciados uns 20 mts de seus obstáculos ou ponto de referência. Ao sinal, os dois primeiros de cada partido levam' a bola com os pés, contornam o obstáculo e voltam à linha de partida para entregá-la à dupla seguinte, indo para o final da fila. Vencerá a equipe que terminar primeiro.

Fundamentos: passes e movimentação.

2 – Jogadores dispostos em quatro colunas, colocados em sentido inverso, formando cada duas um partido. Ao sinal, os testas de cada partido partem levando a bola, com os pés, até uma determinada linha e um deles tenta chutar para a área de gol, para marcar o tento. Conseguido o gol ou não, a bola é devolvida para a dupla seguinte, que irá proceder da mesma forma. Vencerá o partido que conseguir mais pontos.

Corrida

1 – Jogadores em duas ou mais colunas, estando os testas na posição de "gatas" sobre a linha de partida. Ao sinal, correm a toda velocidade até o ponto determinado e voltam correndo para o final da sua fila. O jogador seguinte, que já deve estar preparado na mesma posição, partirá quando perceber o companheiro passar ao seu lado (saída baixa por percepção visual). Vencerá a equipe que terminar em primeiro lugar.

2 – Variantes: disposição anterior, variando-se apenas a posição das saídas (em pé, sentados, ajoelhados, decúbito ventral ou dorsal, etc.).

A ordem para a saída também poderá ser dada por diferentes estímulos: auditivo, tátil, sensorial, etc.

Outros jogos: corrida contrária, dia e noite, variantes do gato e rato, etc. (ver capítulos de jogos recreativos).

Para revezamento são válidos todos os jogos de "levar e trazer".

alto em extensão

1 – Jogadores dispostos em colunas e distanciados uns 10 mts. e duas linhas paralelas demarcadas no chão. Ao sinal, os testas corem até o ponto determinado para o impulso, tentando transpor o espaço compreendido entre as duas linhas. Voltam correndo à linha de partida, quando então partirão os seguintes. Após cada passagem o professor aumenta a distância entre as linhas, vencendo o jogador que conseguir conseguir saltar mais longe.

Observação: – O professor, usando sua imaginação, poderá riar uma infinidade de jogos afim de estimular a criança para a prática do esporte.

8.7 Jogos Desportivos: Predesportivos:

1. **Chuva de bexigas:** – (predesportivo de voleibol)

Uma quadra qualquer dividida em duas metades iguais por uma linha transversal, sobre a qual se estenderá, a uma altura de 1,50 m, uma corda ou rede. Cada equipe ocupará uma metade da quadra, formando duas ou três fileiras de jogadores, de frente para a rede ou corda. Junto à linha final de cada quadra coloca-se um certo número de bexigas (igual para cada equipe). Ao sinal, os jogadores começam a golpear as bexigas com o intento de enviá-las ao campo adversário por sobre a rede ou corda. Os jogadores devem fazer passes entre si, evitando que as bexigas toquem o solo ou passem por sob a rede.

Quando o professor achar conveniente fará cessar o jogo, vendo a equipe que estiver de posse do menor número de bexigas.

2. **Bexiga voadora:** – (predesportivo de voleibol)

Uma quadra de voleibol e uma rede estendida a 1,5o m de altura. Cada equipe, formada por nove jogadores, colocada numa metade da quadra em três fileiras. Pela sorte determina-se a equipe que dará início ao jogo, o qual consiste em golpear uma bexiga de ar fazendo-a passar por sobre a rede e cair no campo adversário. Cada equipe poderá dar no máximo cinco passes, sempre golpeando a bexiga. Será computado um ponto à equipe que, tendo iniciado os passes, conseguir derrubar a bexiga no campo adversário. Os passes serão reiniciados pela equipe detentora do ponto até o momento do rodízio (igual ao de voleibol) para a outra equipe. Vencerá a equipe que conseguir maior número de pontos após findar o tempo determinado pelo professor.

3. **Bola golpeada:** – (predesportivo do voleibol)

Uma quadra qualquer, dividida em duas metades iguais por uma linha transversal: em cada extremidade uma linha final ou parede. Para iniciar o jogo, o professor lançará a bola ao alto entre dois jogadores adversários colocados no centro do campo. Esses tratarão de golpeá-la passando-a aos companheiros que, por sua vez, passarão aos demais e assim por diante, até fazer com que a bola passe a linha final ou toque a parede do campo adversário. Será computado um ponto à equipe que conseguir o objetivo e a bola será reposta em jogo como no início. Toda vez que a bola sair pelas laterais ou tocar no solo, será reposta em jogo pela equipe adversária no mesmo lugar onde foi cometida a falta. Vencerá a equipe que conseguir o maior número de pontos após um determinado tempo.

4. **Bola nas esquinas:** – (predesportivo do voleibol)

Uma quadra de voleibol e uma rede à altura de 1,50 m. Em cada canto da quadra se traçará um quadrado de 1,50 m de lado (esquinas).

Cada equipe se distribuirá numa metade da quadra procurando não deixar lugar sem defesa. Dois jogadores de cada equipe (capitães) colocados nas esquinas do campo adversário. Sorteada a saída, um jogador qualquer da equipe que inicia o jogo deverá lançar a bola, por sobre a rede, para um dos capitães. Os jogadores adversários tratarão de impedir que a bola chegue ao seu destino, interceptando-a. Se conseguírem deverão proceder da mesma forma, fazendo passes entre si e procurando lançar a bola para um de seus capitães colocados nas esquinas opostas.

A bola deverá ser lançada com um determinado tipo de passe ou da forma que o professor determinar. Quando a bola sair das li has limites do campo, tocada ou não por um defensor, será reposta m jogo por um jogador dessa equipe. Os capitães não podem sair as "esquinas" para apanhar a bola. Será computado um ponto à quipe quando um de seus capitães conseguir, de forma direta ou ão, a posse da bola. Após conseguir a bola o capitão a devolverá ara a sua equipe, por sobre a rede, para que os passes sejam reiniiados.

Faltas: – Tocar a rede com a bola, ao passá-la de um campo ara o outro; arremessar a bola de forma diferente ao "passe" deterinado pelo professor; pisar a linha central; andar estando um jogaor de posse da bola e um capitão sair da "esquina" para apanhar a ola, as faltas serão punidas com a perda da bola para o adversário.

5 – **Câmbio:** – (predesportivo de voleibol)
Cada equipe, formada de nove jogadores, se colocará em três leiras numa metade da quadra de voleibol. Após o sorteio, o jogaor do meio da segunda fileira dará início ao jogo lançando a bola, om as duas mãos, da altura da nuca para frente, tentando derrubá-la o campo adversário e gritando "câmbio" (comando ao rodízio). esse momento todos os jogadores de sua equipe mudam uma posiio (ver o desenho).
A equipe adversária ao apanhar a bola deverá proceder da mesa forma e com igual finalidade, dando apenas um passe para o joador central, que irá arremessá-la para o outro campo.

Faltas: – tocar a rede com a bola; invadir a linha central; deixar e gritar "câmbio" no momento de arremessar a bola para o campo lversário; mudar de posição com outro jogador, modificando o roízio; arremessar a bola com uma mão só; dar mais de um toque na ola ao apanhá-la; tocar a bola com o pé; arremessá-la de forma inevida e atirá-la fora das linhas limites do campo, sem que a bola ja tocada pelo adversário.
Penalidades: – todas as faltas serão cobradas com a entrega da ola ao adversário.
Vencerá a equipe que completar 15 pontos.

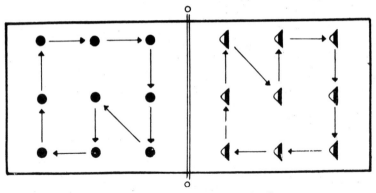

6 – Espias: – (predesportivo de basquetebol)

Numa quadra de basquete ou num terreno de dimensões seme lhantes, colocam-se duas equipes, separadas pela linha central. Dentro de cada equipe há um jogador adversário (espião). Após o sorteio, a equipe que iniciar o jogo deverá arremessar a bola para campo adversário para que o seu jogador "espião" a apanhe. Se objetivo for conseguido, o jogador que a arremessou passará para campo adversário tornando-se também "espião". Se ao contrário bola for apanhada pela equipe adversária, essa deverá procede igualmente.

Vencerá a equipe que conseguir passar todos os seus jogador para o campo oposto.

7 – Arco móvel: – (predesportivo de basquetebol)

Quadra de basquetebol ou similar. Podem participar até 10 j gadores por equipe. Em cada linha de fundo colocam-se dois jog dores segurando um arco na posição horizontal. O jogo tem iníc com a bola levantada entre dois jogadores adversários, no centro quadra. A finalidade é conduzir a bola, através de passes, até o pr prio arco para marcar pontos. À frente do arco deverá ficar um jog dor adversário que funcionará como defensor.

Faltas: – andar com a bola para fora das linhas limites do car po.

8 – Basquete com zonas transversais: – (predesportivo basquetebol)

Divide-se a quadra em seis zonas transversais e em cada un colocam-se três jogadores de cada equipe (ver o desenho).

O professor levantará a bola entre dois jogadores adversários das zonas centrais (C e D) para dar início ao jogo. Esses deverão saltar para apanhar a bola e passá-la aos seus companheiros, fazendo-a chegar à cesta, sem pular zona. Se o cesto for consignado a bola será reposta em jogo pela equipe adversária na mesma zona (A ou F).

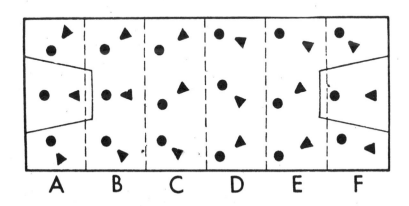

9 – **Basquete informal:** – (predesportivo de basquetebol)

Quadra de basquete ou similar; junto às linhas finais traçam-se semicírculos de 0,50 cm de raio (zona de pontos). Podem participar até 20 jogadores. O jogo tem início com a bola levantada entre dois jogadores adversários, no centro da quadra. A finalidade é conduzir a bola, através de passes ou dribles, até a zona de pontos do adversário e consignar tentos. Esses serão obtidos sempre que um atacante, sem pisar no semicírculo, depositar a bola em sua superfície ou alcançá-la por meio de um lançamento direto. Consignado o ponto, a bola será reposta em jogo do centro da quadra (bola ao alto).

A equipe adversária tentará interceptar os passes e dribles com o mesmo propósito, isto é, consignar pontos.

Deverão ser observadas as regras mais elementares do basquetebol e feita a "marcação individual".

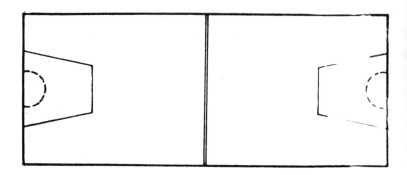

10 – **Eliminar o jogador do círculo:** – (predesportivo de basquetebol)

Quadra de basquete. Duas equipes de 10 jogadores cada uma. Dentro de um círculo, traçado na cabeça de cada garrafão, coloca-se um jogador de cada equipe, respectivamente.

O jogo tem início com a bola levantada entre dois adversários no centro da quadra.

O objetivo do jogo é "queimar" o jogador do círculo, o qual poderá esquivar-se de todos os modos, para evitar ser tocado, porém não poderá sair do círculo. Quando tocado, deverá sair do campo sendo substituído por outro da mesma equipe e será computado um ponto para a equipe adversária.

A bola será reposta em jogo como no início, isto é, do meio da quadra.

Vencerá a equipe que eliminar primeiramente os 10 oponentes.

Deverão ser aplicados as regras elementares do basquetebol.

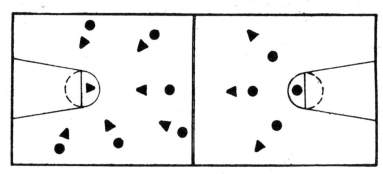

11 – **Basquete com arqueiro:** – (predesportivo de basquetebol)

Quadra de basquete, traçando-se um arco sobre cada linha final (ver desenho) e marcando-se a zona do gol. Podem jogar até 20 jogadores. O objetivo é conduzir a bola, através de passes e dribles até a zona de arremesso, tentando consignar pontos. O arqueiro tem liberdade de movimentar-se dentro da área, a fim de impedir que a bola passe pelo gol. Tanto para iniciar o jogo como para repor a bola em jogo, será dada bola ao alto, no meio da quadra. Serão aplicadas as regras elementares do basquetebol.

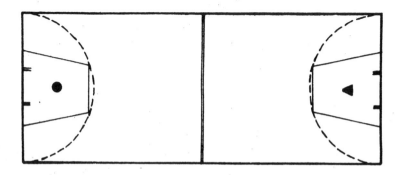

12 – **Basquetinho:** – (predesportivo de basquetebol)

Quadra de basquete, colocando-se um banquinho ou cadeira sob cada tabela.

Podem jogar até 10 jogadores em cada equipe.

Para iniciar o jogo é dada bola ao alto, no meio da quadra, entre dois adversários. O objetivo do jogo é conduzir a bola através de passes e dribles até o arqueiro da própria equipe, o qual deverá estar em pé sobre um banquinho, para que ele a apanhe, consignando um tento. A equipe adversária tentará impedir fazendo "marcação individual" procurando tomar a bola para levá-la ao seu arqueiro.

Após consignado o ponto a bola é reposta em jogo no meio da quadra (bola ao alto).

Serão aplicadas as regras elementares do basquetebol.

18.8 Jogos Não Motores (Calmantes)

1. Cachorro e gato: – (sensorial-auditivo)

Alunos sentados, em círculo; ao centro dois alunos de olhos vendados serão respectivamente cachorro e gato (colocados distantes um do outro). Ambos deverão latir e miar. O cachorro, guiado pelo miar do gato, deverá persegui-lo e o gato, ouvindo o latir, deverá fugir.

Quando o cachorro apanhar o gato, ambos cederão lugar para dois outros alunos.

2. O telégrafo: – (sensorial-tátil)

Alunos sentados, em fileira, frente a frente, mãos dadas. Numa das extremidades, comunicando com os dois partidos está o professor (estação)

O professor deverá transmitir uma mensagem, apertando simultaneamente as mãos dos dois primeiros alunos. Esses deverão transmitir a mensagem aos seguintes e assim por diante, até que ela chegue ao último aluno de cada fileiras (a transmissão será feita sempre com um aperto de mão). O último jogador da fileira, ao receber a mensagem, deverá levantar a mão acusando o recebimento.

Variante: – ao receber a mensagem o último jogador a devolve da mesma forma; vencerá o partido cuja mensagem chegar primeiro à estação.

3. Cachorro e osso: – (sensorial-auditivo)

Alunos sentados, em círculo. Ao centro uma criança sentada, fingindo dormir (cachorro), ao seu lado um objeto qualquer (osso).

Iniciado o jogo, uma criança tentará tirar o osso do cachorro sem que ele ouça, caso contrário, latirá e o osso permanecerá no lugar.

Se o osso for tirado sem que o dono o perceba, as crianças vão colocar as mãos atrás das costas e o cachorro terá que adivinhar com quem está o seu osso. Se acertar continuará no centro, ou então trocará de lugar com a criança que apanhou o osso.

4. Mia gato: – (sensorial-auditivo)

Em círculo, de mãos dadas, as crianças terão um companheiro o centro de olhos vendados. Ao ser iniciado o jogo, as crianças caminham para a esquerda ou direita, cantando uma quadrinha de qualquer canção e ao final, soltam as mãos, sentando-se no chão. A criança do centro procurará tocar uma outra dizendo: "mia gato". Essa deverá imitar o miado prolongado de um gatinho, para que a do centro adivinhe de quem é a voz. Se acertar trocará de lugar com ela, permanecendo no centro em caso contrário.

5. Procurar objetos pares: – (sensorial-tátil)

O jogo deverá ser realizado por grupo de 4 a 8 crianças de cada vez. As crianças estarão de olhos vendados e de posse de duas caixinhas. Numa delas haverá vários objetos pequenos e pares, a outra estará vazia.

Ao sinal dado para iniciar o jogo, cada criança procurará encontrar, pelo tato, dois a dois, os objetos iguais, colocando-os na caixinha ao lado. Vencerá a criança que conseguir executar a tarefa em primeiro lugar.

Observação: – os objetos deverão ter formas, superfícies e tamanhos bem distintos uns dos outros, para facilitar o seu reconhecimento. Por exemplo: 2 lápis, 2 carretéis, duas borrachas, duas bolinhas de gude, etc.

6. Voltear as cadeiras: – (sensorial-auditivo e atenção)

Cadeiras dispostas lado a lado, encostos tocando-se, formando duas fileiras. As crianças, formadas em coluna (tendo uma a mais que o número de cadeiras, caminharão em volta das cadeiras ao som de uma música qualquer. Ao parar a música, inesperadamente, todas terão que sentar-se, sem tirar as cadeiras dos lugares ou passar por cima delas. Como há uma cadeira a menos, a criança que não conseguir sentar-se sairá do jogo. A brincadeira será reiniciada tirando-se mais uma cadeira e vencerá, ao final, a criança que sentar-se primeiro.

7. Trazer pela orelha: – (auditivo e tátil)

Alunos sentados em círculo; ao centro uma criança de olhos vendados e sentada.

189

Ao sinal do professor, um aluno apontado irá, em silêncio, t‹ car a orelha da criança do centro, voltando em seguida para o seu l‹ gar. Ao chamado, a criança do centro tirará a venda dos olhos observando os companheiros tentará adivinhar quem a tocou. Cons‹ guindo localizar, pegará a criança pela orelha levando-a ao centro c círculo, trocando de lugar com ela. Tendo acertado, todas as crianç; baterão palmas e recomeçarão o jogo; em caso contrário ela volta; ao centro.

8. O apito: – (sensorial-auditivo)

Alunos sentados em círculo. Ao centro duas crianças de olh‹ vendados e um apito colocado em qualquer lugar da área. Ao sin; dado, as crianças terão que localizar o apito e aquela que o encontr; terá que apitar seguidamente, a fim de que a outra possa persegui-l; guiada pelo som.

9. O detetive: – (sensorial-tátil)

Alunos sentados em círculo;

ao centro uma criança de olhos vendados (detetive).

Ao iniciar o jogo o detetive deverá aproximar-se de uma criar ça qualquer e tocar-lhe o rosto, o cabelo, as orelhas, o corpo, etc. a‹ reconhecê-la, chamando-a pelo nome. Se acertar trocará de lug; com ela, ou permanecerá no centro.

10. Cadeiras e sapatos: – (sensorial-tátil)

Crianças sentadas em fileiras, frente a frente e distantes cerc de 5 metros. Em cada extremidade, entre as duas fileiras, coloca-s uma cadeira, onde se sentará uma criança de cada partido, respect vamente e de olhos vendados. Espalhados no chão estarão 8 sapato Ao sinal dado, as duas crianças partem à procura dos sapatos, a fi‹ de calçá-los nos pés de sua respectiva cadeira. Vencerá aquela qu conseguir o objetivo, o mais depressa possível, isto é, calçar os qu; tro pés da cadeira. Encontrando a cadeira do adversário com sapato a criança poderá tirá-los e colocar nos pés da sua própria.

11. Simão disse: – (atenção)

Simão é um macaquinho que dá "ordens" para as crianças ex‹ cutarem. Quando o professor disser: "Simão disse – mãos para cim; – todas as crianças obedecerão imediatamente. Se disser: "Simã disse, batam palmas". também executarão e assim por diante. O pr‹

essor irá sugerindo vários movimentos diferentes e interessantes, stimulando o gosto que a criança tem de imitar. Entre as diversas rdens o professor dará outras como "fechem os olhos", "batam palias", "abram a boca", "batam os pés", etc. e as crianças não deverão xecutá-las porque não foi dito antes: "Simão disse".

12. Passarinho voa: – (atenção)

Alunos sentados, em grupo. O professor lhes fará diversas perjuntas, tais como: passarinho voa? cavalo voa? borboleta voa? papaaio voa? automóvel voa? avião voa? etc. Em caso afirmativo as rianças deverão responder: "voa", movimentando os braços, imitanlo o vôo das aves. Em caso negativo: "não", sem movimentar os raços. A criança que errar deverá pagar uma prenda (cantar, recitar, azer uma estátua, etc.).

13. Mãos acima e abaixo: – (atenção)

Alunos sentados em volta de uma mesa. O professor entre eles rá dando as ordens: "mãos acima" e "mãos abaixo", alternadamente. As crianças irão atendendo e executando as ordens rapidamente, ora olocando as mãos abertas sobre a mesa (palmas voltadas para baio), ora escondendo as mãos sob a mesa.

Alternando ou repetindo as ordens o professor procurará desertar a atenção das crianças. Deverá pagar uma prenda a criança que errar.

14. Estória com palmas: – (auditivo e atenção)

Alunos sentados, em grupo.

O jogo consiste na narração de uma estória, pelo professor, na jual será designado um personagem que, quando citado, as crianças leverão bater palmas. Por exemplo, na estória do "Chapeuzinho Vermelho", ele seria o personagem indicado. Assim, "mamãe chanou "Chapeuzinho Vermelho" (palmas) para levar os doces à vovó. Chapeuzinho Vermelho" (palmas) vestiu seu casaquinho e foi pela loresta" etc.

Tratando-se de crianças maiores poderão ser escolhidos dois ersonagens. Por exemplo, na estória de Joãozinho e Maria, quando or dito o nome dele, as crianças deverão bater uma só palma e duas ara Maria.

A criança que errar será excluída do jogo.

191

15. **O chicotinho:** – (atenção e agilidade)

As crianças devem estar sentadas e em círculo. No centro d
círculo haverá um banquinho e sobre ele um chicote. Em pé, junt
ao banquinho, estará uma criança. Essa, observando os colegas, nur
dado momento, apanhará o chicote tocando com ele uma crianç
qualquer, repondo-o novamente sobre o banquinho. Em seguida, ir
ocupar o lugar da criança tocada, a qual levantando-se rapidament
pegará o chicote para bater na primeira, antes que ela se sente no se
lugar. Se conseguir o objetivo, computará o ponto para si e o jog
prosseguirá. Não conseguindo alcançar o colega deverá dar prosse
guimento ao jogo, porém, não fará ponto.

16. **Comprar fitas:** – (raciocínio)

Sentadas em semicírculo, as crianças receberão nomes de core
das fitas que irão representar na loja. Duas crianças serão os compra
dores e o professor, o vendedor.

Os compradores deverão ignorar as cores das fitas existentes n
loja.

Iniciado o jogo, um comprador dirigindo-se ao vendedor per
guntará:

– O senhor tem fitas?

– de que cor?

O comprador terá que pensar numa cor para dizer, por exem
plo, verde. A criança que representa essa cor terá que acompanhar
comprador. Em seguida, o outro comprador fará o mesmo.

No caso de não haver na loja a cor de fita desejada, o compr
dor perderá a vez. Vencerá aquele que conseguir comprar o maic
número de fitas.

17. **O chefe manda:** – (visual, atenção, iniciativa e imitação)

As crianças devem estar sentadas e em círculo. Uma delas sair
do recinto para que as demais combinem quem será o "chefe"
Quando voltar ao recinto, o chefe dará início a uma série de mov.
mentos (gestos de braços, mãos, olhos, boca, movimentos com a ca
beça, expressões fisionômicas, etc.) que todos imitarão, sem deixa
perceber quem dirige as variações dos gestos. A criança em destaqu
deverá observar atentamente e descobrir quem é o "chefe". Se ace

tar trocará de lugar com ele, caso contrário permanecerá para nova tentativa. Não descobrindo, o professor escolherá outra criança para prosseguir o jogo.

18. Cavalo e cavaleiro: – (atenção)

Crianças dispostas em círculo, na posição de "gatas" (de banco), serão os cavalos. As outras crianças estarão sobre os cavalos (cavaleiros). Haverá um cavalo sem dono e ao redor do círculo um cavaleiro sem cavalo.

Ao sinal dado para iniciar o jogo, o cavaleiro de fora deverá cavalgar o cavalo vazio, sendo impedido pelo cavaleiro que se encontra imediatamente ao lado e que deverá montar sobre o cavalo, antes que o outro o faça.

Todos os cavaleiros se movimentam em sentido inverso ao do cavaleiro solitário.

A criança que permitir ao cavaleiro montar o cavalo trocará de lugar com ele.

19. O boneco de mola: – (observação e iniciativa)

Sentados à vontade, os alunos escolherão um companheiro para ser o "boneco de mola" e um outro para ser o seu "dono".

O dono do boneco deverá afastar-se do recinto para que as crianças combinem com o boneco qual será o "botão" (ponto do corpo) que deverá ser tocado, para que ele se movimente, por exemplo a ponta do nariz e qual o outro botão para que ele pare de se movimentar, por exemplo, o joelho direito. Todas as crianças terão conhecimento desse segredo, menos o dono que, ao ser chamado, encontrará o boneco imóvel e sem vida. Com a ponta do dedo ele irá apertando devagar o corpo do boneco, a fim de descobrir qual o botão que o colocará em movimento. Acertando, imediatamente o boneco se movimentará dando saltitos, voltinhas, movimentando os braços, cabeça, olhos, pernas, etc. (movimentos criados pela própria criança). Novamente o dono terá que encontrar o outro botão que fará o boneco parar de se movimentar.

Em seguida serão escolhidas duas outras crianças para prosseguir a brincadeira.

20. A granja: – (auditivo, observação e linguagem)

Alunos sentados em círculo; aquele que for determinado para iniciar o jogo irá imitar a voz de um animal qualquer, por exemplo o mugido da vaca. O seguinte mugirá como a vaca e imitará a voz de um outro animal, por exemplo, o relinchar do cavalo. O terceiro terá que mugir, relinchar e imitar a voz de outro animal e assim por diante. O jogador que inverter a ordem das vozes dos animais ou deixar de imitar um outro, será eliminado do jogo.

21. Competência de desenhos: – (iniciativa e agilidade)

Alunos sentados em colunas, formando duas equipes, eqüidistantes de uma linha previamente demarcada para a execução dos desenhos.

Ao sinal dado para iniciar o jogo, os testas de colunas, de posse de um pedaço de giz, partem correndo até a linha determinada e dão início ao desenho de um boneco (cada aluno poderá fazer apenas um traço do desenho) e voltam para entregar o giz ao colega seguinte que deverá prosseguir o desenho e assim por diante.

Vencerá a equipe que conseguir desenhar o boneco mais perfeito ou original.

22. O pintor cego: – (sensorial, tátil e habilidade)

Alunos colocados em fileira, frente a um quadro negro, mãos atrás das costas. O professor colocará nas mãos de cada jogador um objeto diferente, dando tempo suficiente para que ele o possa identificar através do tato.

Retirado o objeto da mão do aluno, ele terá que desenhá-lo no quadro com a maior exatidão possível e em menor tempo.

23. Adivinhar o animal: – (habilidade manual)

Alunos sentados em colunas, formando duas equipes, de frente para o quadro negro. O professor colocará em cada extremidade do quadro uma cartolina, contendo tantos desenhos de animais quantos forem os jogadores de cada equipe (cada cartolina conterá a mesma quantidade e os mesmos animais, porém, em ordem diferente).

Ao iniciar o jogo, o primeiro jogador de cada equipe aproxima-se da cartolina para identificar o desenho que lhe corresponde e executá-lo no quadro, o mais rapidamente possível. Ao mesmo tempo eus companheiros de equipe terão que descobrir qual é o animal que está sendo desenhado por ele. Assim que o animal for identifica-lo o jogador do quadro será substituídos pelo colega seguinte. Ven-cerá a equipe que terminar em primeiro lugar a identificação dos animais.

24. Adivinhar o animal: – (atenção e iniciativa)

Alunos sentados formando dois grupos; à frente deles ficará um outro aluno qualquer, tendo um papel preso às costas com o nome do animal que irá representar. Ao sinal do professor para iniciar o jogo, cada aluno, alternadamente, de uma equipe e da outra, fará uma pergunta para identificar o animal. Por exemplo, sou inseto? te-nho asas? sou vertebrado? tenho penas? tenho pêlo? sou anfíbio? e assim por diante.

O aluno que representa o animal em jogo irá respondendo às perguntas apenas com os monossílabos: sim ou não.

Vencerá a equipe que adivinhar o animal em primeiro lugar.

25. A mensagem: – (atenção e memória auditiva)

Alunos sentados formando duas fileiras frente a frente; o último aluno de cada equipe estará de posse de lápis e papel.

Para iniciar o jogo o professor dirá ao ouvido do primeiro de cada fileira uma mensagem, por exemplo, "feliz o povo que canta, cantar significa amar". Ao receber a mensagem o aluno deverá pas-sá-la imediatamente ao ouvido do seguinte e assim por diante. Ao chegar a mensagem ao último da fileira, esse deverá escrevê-la no papel e entregar ao professor. Vencerá a equipe que entregar em pri-meiro lugar a mensagem e menos distorcida.

Observação: – a mensagem não poderá ser repetida caso o com-panheiro não a entenda.

26. A profissão: – (atenção e raciocínio)

Alunos sentados em círculo e ao centro o professor de posse de uma bola. Para iniciar o jogo o professor arremessa a bola para um jogador qualquer que terá que dizer o nome de uma profissão, antes que a bola chegue às suas mãos. Devolvida a bola o professor irá ar-remessá-la a outro jogador, que deverá dizer o "que faz" quem pos-sui a profissão mencionada, antes de apanhar a bola. Por exemplo, o primeiro dirá: professor, o segundo dirá: dá aulas e assim sucessivamente: datilógrafo – bate à máquina; jardineiro – cuida de jardins lavadeira – lava roupas; dentista – trata de dentes, etc.

27. **Pena voadora:** – (jogo respiratório)

Alunos divididos em dois grupos, tendo cada um a posse de uma pena bem leve de um pássaro qualquer. Dado o sinal para iniciar o jogo começam a soprar a pena a fim de mantê-la por mais tempo no ar. Perderá a equipe que deixar a pena tocar o solo.

28. **Soprar o canudo:** – (jogo respiratório)

Coloca-se um canudo de papel fino numa extremidade de um fio, que deverá estar à altura da boca dos alunos.

Ao sinal dado, um aluno de cada vez deverá soprar o canudo de papel para levá-lo à outra extremidade do fio. Conta-se em quantas vezes ele conseguiu o objetivo e assim sucessivamente. Vencerá o aluno que conseguir levar o canudo em menos vezes.

19. DANÇAS FOLCLÓRICAS

Abre a Roda (Goiás)

Formação: – aos pares, mãos dadas, em grande círculo frontal fechado.

Desenvolvimento: – Afastam-se com quatro passos de marcha, abrindo a roda. (Abre a roda gente, trá-lá-lá.) De braços dados os pares caminham em círculo de esquerda (vamos passear, trá-lá-lá). Voltados um para o outro, o cavalheiro gira a dama sob seu braço (cavalheiro gira a dama, trá-lá-lá). O cavalheiro avança em sentido do círculo para apanhar a dama seguinte, enquanto que a sua permanece à espera do novo par (vamos trocando de par, trá-lá-lá). Os novos pares caminham em sentido do círculo fazendo "mímicas" com os dedos (se ganhar eu quem perco, trá-lá-lá; se perder eu quem ganho, trá-lá-lá) e vão fechando a roda.

Os pares voltam-se para o centro do círculo e dando-se as mãos reiniciam a movimentação até que cada cavalheiro reencontre a sua própria dama.

Siriri (Mato Grosso)

Formação: – aos pares, mãos dadas em grande círculo frontal, cavalheiro à esquerda.

Desenvolvimento: – caminham com passos arrastados para o centro da roda (o siri e o caranguejo são dois bichos engraçados). Recuam igualmente (o siri quer ser tenente, caranguejo delegado, mas não pode). Soltando as mãos batem o pé direito três vezes no chão; em seguida batem palmas três vezes (o pé, o pé, o pé; a mão, a mão, a mão). O cavalheiro enlaça a dama na posição de dança de salão e gira com ela uma volta inteira (balanceie minha gente no meio desse salão). Ao final do giro o cavalheiro larga a dama e dá um salto para a esquerda, trocando de par (que está tão bom).

Reiniciar toda a movimentação até que cada cavalheiro reencontre a sua dama.

Engenho Novo (Rio Grande do Norte)

Formação: – aos pares, em sentido contrário, mãos adjacentes dadas, formando colunas.

Desenvolvimento: – soltando-se as mãos executam um pequeno saltito para fora, batendo palmas duas vezes; repetem o saltito para dentro (engenho novo, engenho novo). Dando-se as mãos direitas giram meia volta, ocupando o lugar do outro (engenho novo bota a roda pra rodar). Repetem toda a movimentação voltando aos lugares iniciais.

Curvando ligeiramente o tronco e colocando as mãos atrás sobre os quadris movimentam-se para a frente, em sentidos opostos, saltitando com elevação alternada dos joelhos (eu dei um pulo, dei dois pulos, dei três pulos, dessa vez pulei o muro, quase morro de pular). Na palavra "pular" executam meia volta e repetem a mesma movimentação.

Nota: – sempre que os pares se encontram, executam meia volta.

Repetem a primeira movimentação (engenho novo...).

Movimentam-se para a frente (mesma posição da segunda movimentação) executando passos de "chachado" (capim de planta, xique-xique, mela-mela, eu passei pela capela vi dois padres no altar). Na palavra "altar" dão meia volta, repetindo a mesma movimentação para voltar aos lugares.

Repetem a movimentação para finalizar (engenho novo...).

Maçaniço (Rio Grande do Sul)

Formação: – aos pares, mãos adjacentes dadas, em colunas.

Desenvolvimento: – Iniciando com o pé de fora executam três passos miúdos e rápidos para a frente, elevando a perna de dentro no 4º tempo. Girando meia volta, por dentro, repetem a mesma movimentação (maçanico, maçanico; maçanico do banhado). Repetem toda a movimentação. Soltando as mãos giram, por dentro, em volta do próprio eixo; contragiram e repetem a mesma movimentação (quem não dança o maçanico, não arranja namorado).

Cumprimentam-se executando "afundo" com a perna direita à frente; o cavalheiro enlaça a dama pela cintura e ela o enlaça pelo pescoço.

DANÇAS JUNINAS

Rodinhas e Estrelinhas

Formação: – pares em grande círculo frontal, mãos dadas. Desenvolvimento: – o círculo movimenta-se para a direita (vamos todos alegres festejar. S. João, São João sempre a cantar). Repete-se a mesma movimentação para a esquerda.

Voltados frente a frente e na esquerda baixa de cada um, executam movimento de circundação das mãos, uma em volta da outra (rodinhas pra cá) e na direita alta, executam movimento de sacudir as mãos (estrelinhas pra lá).

Dão-se as mãos e giram, mudando de lugar (rodando sem parar). Repetem toda a movimentação, voltando cada um ao seu lugar (rodinhas...).

Para finalizar repetem a movimentação inicial (vamos...).

Pai Zequinha

Formação: – pares frente a frente em fileiras, vestidos à caipira sendo ela quem traz o chapéu e o lenço ao pescoço.

Desenvolvimento: – Sarandeando as meninas aproximam-se dos rapazes, mostrando-lhes as "prendas" (pai Zequinha sabes tu dançar, um par de botinas nós te vamos dar). Recuam da mesma forma e quando chegam aos lugares giram em volta do próprio eixo.

Os rapazes, de forma desajeitada e muito duros, aproximam-se das meninas (eu não sei dançar, não conheço a cadência, eu não sei como se dança, eu não sei dançar), recuando quando cantam as duas últimas frases.

A dança prossegue dessa forma e as meninas vão oferecendo em seguida: anel de prata, cavalo branco, chapéu de palha e lenço vermelho.

No final os rapazes já sabem dançar e ao aproximare-se das meninas já o fazem com desembaraço (eu já sei dançar, já conheço a cadência, eu já sei como se dança, eu já sei dançar). Repetem essa movimentação e os rapazes enlaçam as meninas na posição de dança de salão e rodopiam com elas. Cumprimentam-se no final.

Vamos Todos Brincar De Roda

Formação: – pares em grande círculo frontal, mãos dadas. Desenvolvimento: – o círculo movimenta-se para a direita (vamos todos brincar de roda e à direita vamos girar). Repete-se o mesmo à esquerda.

Os pares voltam-se frente a frente e se abraçam (um abraço bem apertado). Dão-se as mãos e giram volta completa (e uma volta no lugar). Repetem a movimentação. Voltam-se para o centro do círculo e batendo palmas caminham para dentro (e agora muitas palmas para a festa alegrar). Recuam requebrando, com as mãos nos quadris (requebrando um pouquinho, para a festa terminar).

Polca Infantil

Formação: – aos pares, mãos dadas, frente a frente (disposição em fileiras).

Desenvolvimento: – os pares executam passos deslizados para o lado; passou-une-passo, balançando os braços, terminando com três batidas dos pés no chão (balança os braços, bato os pés). Repetem a movimentação para o outro lado (a polca eu vou dançar...).

Repetem a movimentação acima para um lado e outro (balanço os braços, bato os pés, dançando sem parar).

Soltam as mãos batendo-as sobre as coxas, batem palmas e batem com o par três vezes seguidas (num cumprimento delicado). Repetem a movimentação (as mãos eu bato com cuidado). Colocam ponta do pé direito à frente, apontando o indicador direito (bem direitinho), mudam o pé e o indicador (eu te ensinei). Batem as mãos direitas (vê só). Giram nos lugares volta inteira (que par mais estourado eu arranjei).

Clap-Trap

Formação: — aos pares, frente a frente, formando círculos concêntricos.

Desenvolvimento: — Batem palmas três vezes (com as mãos eu bato clap-clap-clap). Batem três vezes os pés no chão, alternadamente (com os pés eu faço trap-trap-trap). Dão-se as mãos e executam três galopes laterais (um, dois, três). Saltitam com afastamento da perna para frente e para trás (vamos todos saltitar). Entrelaçam os braços direitos e giram (dançando até a música parar). Na palavra "parar" o cavalheiro saltita para a esquerda, recomeçando a dança com a nova dama.

Polca Do Caranguejo

Formação: — pares enlaçados na posição de dança de salão. Desenvolvimento: — deslocam-se lateralmente executando dois saltitos com flexão e extensão da perna de avanço, mantendo a outra estendida, seguindo-se três passinhos corridos no sentido lateral. Executam mais sete passinhos corridos para o outro lado (carreirinha). Repetem toda a movimentação. Rodopiam com passos de polca (16 tempos).

Maçanico

Rodinhas e Estrelinhas

Polca Infantil

Li o livro da Profª Maria Rodrigues, que veio enriquecer a literatura especializada nacional, ainda tão escassa.

No momento em que iniciativas das autoridades educacionais de nossa terra procuram dar o destaque devido à prática da Educação Física em todos os níveis da escolaridade, creio ter a presente obra sua melhor oportunidade.

A prática da Educação Física já obrigatória na escola de 2º grau e implantando-se atualmente nas escolas superiores, deverá em futuro próximo abranger a escola de 1º grau onde se encontra a faixa etária até agora pouco trabalhada.

Muitas potencialidades ficam ali perdidas e jamais poderão ser recuperadas integralmente, como observa a autora.

Diante da perspectiva atual de implantação da atividade física obrigatória na escola de 1º grau e da necessidade de um trabalho específico sobre a matéria para auxiliar aos seus alunos da FEFISA, lançou-se Maria Rodrigues, de espírito jovem e determinado à elaboração dessa obra.

Creio ter conseguido o objetivo pretendido com pleno êxito.

Dr. Roberto Laganá
Diretor da FEFISA

BIBLIOGRAFIA

ALONSO, O. M. Pedagogia de la educación física. Madrid, Aldus, 1969.

ASSIS, O. Z. MANTOVANI de. Uma nova metodologia de educação pré-escolar. São Paulo, Pioneira, 1979.

BANDURA, A. Social learning theory, Englewood-Cliffs, Prentice, 1977.

BEE, H. A criança em desenvolvimento. São Paulo, Harper & Row, 1984.

CARDOZO, S. V. La educación física en el ciclo pré-escolar. Buenos Aires, Nubef Editorial, 1966.

DALLO, A. R. & LOPEZ, M. El movimiento como agente instrumental operativo. Buenos Aires, Editorial Glauco, 1972.

DIEM, L. Apuntes de gimnasia infantil, tomados de las classes da profa. Diem, Buenos Aires, 1964.

GALLAHUE, D. Understanding motor development in children. New York, John Wiley & Sons, 1982.

GESELL, A. Maturation and infant behavior pattern. Psychological Review, s. l., 1929.

JACQUIN, G. A educação pelo jogo. São Paulo, Flamboyant, 1963.

JERSILD, A. Psicologia da criança. Belo Horizonte, Itatiaia, 1969.

LE BOULCH, J. A educação pelo movimento. Buenos Aires, Paidós, 1972.

MAGILL, R. A. Aprendizagem motora: conceitos e aplicação. São Paulo, Edgard Blocher, 1987.

MARAZZO, M. B. & MARAZZO, T. M. Guia de educación física en la escuela primaria. Buenos Aires, La Obra. 1968.

MC GRAW, M. Maturation of behavior. In: CARMICHAEL, L. Manual of child psychology. New York, John Wiley & Sons, 1946.

MEINEL, K. Motricidade: o desenvolvimento motor do ser humano. Rio de Janeiro, Ao Livro Técnico, 1984.

PAPALIA, D. E. & OLDS, S. W. O mundo da criança. São Paulo, Mc Graw-Hill do Brasil, 1981.

PIAGET, J. Seis estudos de psicologia. Rio de Janeiro, Forense, 1969.

TANI *et alii*. Educação física escolar: fundamentos e uma abordagem desenvolvimentista. São Paulo, EDUSP, 1988.

DENNIS, W. Causes of retardation among institucional childrem. Journal of Genetic Psychology, s. l., 1960.